中国新奢侈品
数字赋能背景下本土品牌培育与转型升级研究

赖红波 著

图书在版编目(CIP)数据

中国新奢侈品:数字赋能背景下本土品牌培育与转型升级研究 / 赖红波著. --上海:同济大学出版社,2021.3
ISBN 978-7-5608-9631-1

Ⅰ.①中… Ⅱ.①赖… Ⅲ.①消费品工业—品牌战略—研究—中国 Ⅳ.①F426.8

中国版本图书馆CIP数据核字(2021)第049213号

中国新奢侈品:数字赋能背景下本土品牌培育与转型升级研究
赖红波 著

责任编辑 张 睿　**责任校对** 谢卫奋　**封面设计** 陈益平

出版发行	同济大学出版社　www.tongjipress.com.cn	
	(地址:上海市四平路1239号　邮编:200092　电话:021-65985622)	
经　销	全国各地新华书店	
印　刷	常熟市华顺印刷有限公司	
开　本	787mm×1092mm　1/16	
印　张	12.25	
字　数	245 000	
版　次	2021年3月第1版　2021年3月第1次印刷	
书　号	ISBN 978-7-5608-9631-1	
定　价	49.00元	

若有印装质量问题,请向本社发行部调换
版权所有　侵权必究

自　　序

2011年，我进入华东理工大学设计与传媒学院传媒系任教，数年后曾萌生把中国制造转型升级与设计、奢侈品等结合起来做点研究的想法，尝试围绕中国本土情景做些中国新奢侈品本土品牌培育的探索，其间与同济大学经济与管理学院老师和同学合作过几篇论文。当然，那个时候还停留在设计和新媒体的视角，对数字媒体传播有点模糊。

自2017年起，我在上海理工大学管理学院任教至今，也一如既往地关注制造企业的转型升级。围绕设计驱动创新，包括人工智能与设计驱动创新的融合，先后申请多项省部级课题，得以把相关研究进一步深入。

2020年伊始，突如其来的新型冠状病毒肺炎疫情（简称新冠疫情）给国家带来严峻挑战并造成重大社会危机。借此，我以新冠疫情引发的重大公共卫生危机事件为背景，进一步构思中国本土企业如何化危为机。与此同时，新冠疫情期间数字技术也因此得到迅猛发展，让我进一步认识到设计和数字媒体传播的重要性，并融会贯通，推进了中国新奢侈品本土品牌培育的研究。

当然，新奢侈品概念还没有完全确定含义，也可以是一个过渡的概念，所以我尝试用放大的奢侈品来涵盖。从中国制造视角来看，新奢侈品概念的提出也是非常有意思的，至少能区分精品、轻奢等，进一步推动中国制造走向高质量发展。

本书提出放大的新奢侈品概念，并以此为视角，当然不仅仅是制造业，甚至也可以是农业、服务业。只要是围绕消费者，跳出过去简单的功能满足，并融合奢侈品的专注、极致等基因，赋予中国转型升级和高质量发展的内涵，就都可以称为中国新奢侈品。当然，为避免外延太大，本书暂时聚焦在中国传统制造业上。毕竟在新冠疫情冲击和国际经贸环境恶化的背景下,打造中国制造业强国显得更加紧迫和必要。

中国要从制造业大国向制造业强国迈进,本质上需要产业升级,也就是我们一直以来强调的将制造业产业链向高层级跃升。基于此,本书尝试换一个角度,从新奢侈品视角切入,在继承中国制造基因的同时,又能在产业升级上有所创新突破,从而让产业链升级(跃升)能落地,有实际的抓手。

本书只是一个小小的视角,也是延续我一直以来的思考,关注制造,关注转型升级。本书的国内出版及正在推进的施普林格·自然出版集团(Springer Nature)的海外出版离不开团队的合作,感谢同济大学出版社编辑团队(张睿编辑、袁佳麟编辑和卢元姗编辑等)和相关外审专家团队。感谢同济大学经济与管理学院博士生梁磊、上海理工大学管理学院本科生钟素婷,以及我的硕士研究生和参与大学生创新创业项目的学生们的协助。感谢我的家人对我学术研究的坚定支持。

赖红波

2020 年 8 月 20 日

于上海

前　　言

数字赋能是继互联网之后最有可能带来产业革命的新技术,将设计、数字媒体传播与现有价值创造过程有机整合形成的"中国新奢侈品本土品牌培育"定将爆发出前所未有的市场潜力,并带来新一轮的制造业转型升级和高质量发展机会。

中国本土企业如何培育奢侈品这样的高端品牌?这在以往的研究中非常少见。随着中国消费结构向发展性、享受型升级,奢侈品消费大幅上升,激起了理论和实践对本土奢侈品研究的浓厚兴趣。本书把转型升级、中国本土企业品牌塑造与高端突破,以及中国培育奢侈品高端品牌等系列重大课题放在一起进行系统思考,具有很好的理论和实践意义。

首先,本书从奢侈品概念和现有文献研究回顾切入,通过对奢侈品品牌和新奢侈品的定义,创新提出培育新奢侈品本土品牌概念,并对新奢侈品的定义及其内涵、趋势和特征进行了梳理。同时,从宏观层面分析了中国培育新奢侈品本土品牌的必要性和可行性;从微观层面结合定价、品牌定位和中国企业国际化等方面进行了逐一陈述,以及对中国培育新奢侈品本土品牌会不会遭遇全球跨国企业打击进行博弈分析,从而回答中国培育新奢侈品本土品牌what(是什么)、why(为什么)和how(怎么做)的问题,一步步揭示中国培育新奢侈品本土品牌的内涵与机理。

其次,本书在借鉴国内外研究文献中经过验证的相关量表的基础上,通过专家访谈、预调研、现场访谈等方法对量表进行验证。通过SPSS统计工具分析了215份问卷,以此来揭示产品功能设计、产品语义设计和产品交互设计,以及产品感知和品牌感知,对顾客购买意向的影响。研究发现,产品功能设计对产品感知具有显著的影响,产品语义设计对品牌感知具有显著的影响,产品交互设计同时对产品感知和品牌感知具有显著的影响,从而找到设计驱动创新与中国新奢侈品本土品牌培育的内在机理和理论支撑。

再次,进一步针对数字媒体传播驱动创新,对247份问卷进行实证分析。研究结果表明,数字媒体传播在中国培育新奢侈品本土品牌的产品感知、品牌感知、传统广告行为与购买意向中发挥调节效应,即数字媒体传播能增强培育新奢侈品本土品牌的产品感知、品牌感知和传统广告行为三者对购买意向的影响,从而找到数字媒体传播驱动中国培育新奢侈品本土品牌的内在机理和理论支撑。再结合典型案例进行对比分析,以此为中国培育新奢侈品本土品牌提供经验借鉴。

最后,数字赋能背景下设计与数字媒体传播融合驱动新奢侈品本土品牌培育也始终是一个黑箱,需要不断探索,包括新奢侈品本土品牌培育与本土制造转型升级及高质量发展的实现途径和创新体系都需要进一步明晰。本书基于数字赋能背景下,借由设计与数字媒体传播融合创新视角,提出设计与数字媒体传播共同驱动推进中国新奢侈品本土品牌培育与传统制造转型升级的过程机制及相应创新系统的理论构建。本书为中国新奢侈品本土品牌培育与传统制造转型升级提供理论借鉴。

当然,中国新奢侈品本土品牌培育不是一朝一夕的事,不是简单的某一行业冒出一两个新奢侈品本土品牌,而是整个中国本土各行业新奢侈品品牌群的兴起。这才是奢侈品产业的兴起,才是中国由大国到强国、由制造到品牌的民族振兴目标,也是对中国品牌屹立世界品牌之林的期待和展望。

目　　录

自序

前言

第1章　绪论 ……………………………………………………………… 001

  1.1　研究背景 / 002

    1.1.1　现实背景——经济发展与中等收入阶层扩大 / 002

    1.1.2　中高档市场规模扩大——以奢侈品为例 / 003

    1.1.3　关于"制造业强国、网络强国"建设阐述 / 004

  1.2　研究意义和研究价值 / 005

    1.2.1　研究意义 / 005

    1.2.2　研究特点和研究价值 / 005

    1.2.3　研究对象和要解决的问题 / 006

  1.3　研究框架、研究内容和技术路线 / 007

    1.3.1　研究框架 / 007

    1.3.2　研究内容 / 008

    1.3.3　技术路线 / 009

  1.4　研究方法、拟突破的重点和难点及预期创新 / 010

    1.4.1　研究方法 / 010

    1.4.2　拟突破的重点和难点 / 010

    1.4.3　预期创新 / 011

第2章 文献综述 ········· 013

2.1 奢侈品品牌研究文献回顾 / 014
2.1.1 奢侈品品牌研究国外文献回顾 / 014
2.1.2 奢侈品品牌研究国内文献回顾 / 015
2.1.3 述评 / 016

2.2 品牌管理与数字媒体研究文献回顾 / 016
2.2.1 品牌转型升级研究文献回顾 / 016
2.2.2 数字媒体理论研究文献回顾 / 018
2.2.3 述评与分析 / 018

2.3 数字赋能研究文献回顾 / 019
2.3.1 数字赋能相关概念研究文献回顾 / 019
2.3.2 政府数字化转型与数字贸易相关理论研究文献回顾 / 020
2.3.3 制造业数字化转型理论研究文献回顾 / 022

2.4 文献综述 / 023
2.4.1 文献研究的不足 / 023
2.4.2 文献研究带来的启示 / 023
2.4.3 本书研究定位和研究思路 / 024

第3章 中国新奢侈品本土品牌概念的提出：必要性和可行性 ········· 027

3.1 传统奢侈品品牌概念 / 028
3.1.1 何谓奢侈品 / 028
3.1.2 奢侈品历史发展与阶段划分 / 031
3.1.3 中国奢侈品市场与消费者现状 / 036

3.2 中国新奢侈品本土品牌概念的提出——放大的奢侈品 / 039
3.2.1 中国新奢侈品的概念和定义 / 039
3.2.2 中国新奢侈品与西方传统奢侈品、轻奢品、精品的区别 / 040
3.2.3 中国新奢侈品的特征 / 043

3.3 中国新奢侈品本土品牌培育与中国制造业转型升级融合 / 044

3.3.1 中国本土制造业转型升级问题 / 044
3.3.2 中国新奢侈品与制造业融合 / 045
3.3.3 新冠疫情下中国新奢侈品本土品牌培育的急迫与未来前景 / 046

3.4 中国新奢侈品本土品牌培育:中国制造高质量发展必由之路 / 048
3.4.1 中国新奢侈品本土品牌培育的必需性 / 048
3.4.2 中国新奢侈品本土品牌培育的切实性 / 050
3.4.3 小结 / 051

第4章 中国新奢侈品:本土品牌培育的内涵与机理 …… 053

4.1 中国新奢侈品本土品牌的消费动机和消费特征 / 054
4.1.1 奢侈品消费发展阶段 / 054
4.1.2 奢侈品消费动机 / 056
4.1.3 中国新奢侈品:本土品牌培育的市场特点和消费特征 / 059

4.2 中国新奢侈品:本土品牌培育与趋优消费 / 061
4.2.1 趋优消费背景下中国新奢侈品本土品牌培育 / 061
4.2.2 需求层次理论与中国新奢侈品本土品牌培育 / 062
4.2.3 中国中产阶层与新奢侈品消费 / 063

4.3 中国培育新奢侈品本土品牌的定位:从品牌到新奢侈品品牌 / 064
4.3.1 中国培育新奢侈品本土品牌的定价 / 064
4.3.2 中国培育新奢侈品本土品牌的定位 / 065
4.3.3 定位倒逼中国新奢侈品本土品牌塑造 / 067

4.4 中国培育新奢侈品本土品牌的颠覆性创新 / 069
4.4.1 中国培育新奢侈品本土品牌与天生国际化 / 069
4.4.2 传统营销4P的颠覆与中国新奢侈品本土品牌培育的建议 / 070
4.4.3 后新冠疫情时代中国新奢侈品本土品牌培育与高质量发展 / 073

第5章 基于设计驱动创新视角的中国新奢侈品本土品牌培育路径 …… 075

5.1 设计驱动创新 / 076

5.1.1 设计——第三种创新驱动力 / 076
5.1.2 设计驱动创新的三个维度 / 076
5.1.3 中国新奢侈品本土品牌培育与设计驱动 / 079

5.2 设计驱动创新假设和模型构建 / 081
5.2.1 产品感知和品牌感知假设与模型构建 / 081
5.2.2 产品内涵与产品感知和品牌感知假设与模型构建 / 084
5.2.3 全概念模型构建 / 090

5.3 设计驱动创新与中国新奢侈品本土品牌培育路径的实证分析 / 091
5.3.1 数据收集、问卷设计和样本统计 / 091
5.3.2 测量指标和信度效度检验 / 093
5.3.3 实证结果分析 / 097

5.4 小结 / 103
5.4.1 后金融危机时代全球制造业发展 / 103
5.4.2 "十九大"对制造业强国的阐述和愿景 / 104
5.4.3 四次工业革命背景下设计驱动创新与中国新奢侈品发展 / 106

第6章 基于数字媒体传播视角的中国新奢侈品本土品牌培育路径 ········· 109

6.1 互联网与奢侈品品牌传播 / 110
6.1.1 互联网现状 / 110
6.1.2 数字媒体传播与消费潮流的变化 / 111
6.1.3 数字媒体传播与中国新奢侈品本土品牌培育的机遇 / 112

6.2 数字媒体传播驱动中国培育新奢侈品本土品牌的创新假设和模型构建 / 114
6.2.1 研究假设 / 114
6.2.2 研究方法 / 118
6.2.3 样本选取与数据收集 / 121

6.3 数字媒体传播驱动中国新奢侈品本土品牌培育路径的实证分析 / 122
6.3.1 变量相关分析和调节变量交互作用 / 122

  6.3.2 假设检验 / 123

  6.3.3 结论和建议 / 124

6.4 数字媒体传播发展与新兴技术兴起 / 126

  6.4.1 数字媒体发展与品牌传播 / 126

  6.4.2 数字媒体传播技术进一步发展 / 128

  6.4.3 把握中国新奢侈品本土品牌培育的时机 / 129

第7章 案例研究：数字赋能背景下设计和数字媒体传播融合驱动中国新奢侈品本土品牌培育 ……………………………………………… 133

7.1 设计和数字媒体传播融合驱动高质量发展 / 134

  7.1.1 设计和数字媒体传播融合驱动中国新奢侈品本土品牌发展机理 / 134

  7.1.2 数字赋能背景下设计和数字媒体传播融合驱动中国新奢侈品本土品牌创新平台演化 / 136

  7.1.3 人工智能与设计融合实现迭代创新 / 137

7.2 设计和数字媒体传播融合驱动中国新奢侈品本土品牌培育——小米案例 / 138

  7.2.1 设计和数字媒体传播融合驱动中国新奢侈品本土品牌的创新价值 / 138

  7.2.2 小米案例 / 139

  7.2.3 小结 / 142

7.3 设计和数字媒体传播融合驱动中国新奢侈品本土品牌培育——SHEIN（希音）案例和沙涓（Sandriver）案例 / 142

  7.3.1 设计和数字媒体传播融合驱动——时尚电商巨头SHEIN的成功之道 / 142

  7.3.2 中国新奢侈品本土品牌培育的期待——SHEIN的理念 / 144

  7.3.3 设计与数字媒体传播融合驱动中国新奢侈品本土品牌培育——以

上海高品质羊绒沙涓为例 / 144
- 7.4 案例对比 / 145
  - 7.4.1 以珍珠为例的中国新奢侈品本土品牌培育 / 145
  - 7.4.2 太火鸟(TAIHUONIAO)：设计和数字媒体融合驱动中国新奢侈品本土品牌培育平台 / 148
  - 7.4.3 小结 / 150

第8章 回顾与展望 · · · · · · 153
- 8.1 研究回顾 / 154
- 8.2 主要结论 / 155
- 8.3 机遇、挑战与研究不足 / 157
- 8.4 未来展望 / 159

参考文献 · · · · · · 162
附录A 图目录 · · · · · · 172
附录B 表目录 · · · · · · 174
附录C 调查问卷1 · · · · · · 176
附录D 调查问卷2 · · · · · · 180

第 1 章

绪 论

1.1 研究背景
1.2 研究意义和研究价值
1.3 研究框架、研究内容和技术路线
1.4 研究方法、拟突破的重点和难点及预期创新

1.1 研究背景

1.1.1 现实背景——经济发展与中等收入阶层扩大

2001年中国加入WTO,进一步发挥中国制造优势,并逐步成为世界制造工厂,外汇储备也随之跃升为世界第一。2010年中国成为世界第二大经济体,超越日本。我国改革开放40多年来经济的持续增长,造就了一个新的中产阶层,主要包括传统中产阶层、新中产阶层(社会精英和中高层白领)和边缘中产阶层(普通白领)。同时,该阶层正在以加速度的方式蔓延和递增。

中等收入阶层规模的不断壮大,已成为中国社会的一个显著特征,它受益于中国经济的快速发展。著名社会学家、中国社会科学院社会学研究所原所长陆学艺教授指出,经济的发展使整个社会职业趋于高级化,高等级的工作岗位不断增多,由此导致中国社会阶层结构处于上升阶段。首先是私营企业主人数的扩大;其次是知识分子、白领阶层越来越多。按照胡润研究院发布的《2019胡润财富报告》(*Hurun Wealth Report 2019*)显示,资产在300万元以上的家庭属于中产阶层。截至2018年,中国内地中产阶层家庭已超过3300万户,其中新中产阶层超过1000万户。另外,北上广深是中产阶层家庭最多的城市。当然,尽管中等收入阶层规模不断扩大,我们也要清醒看到,中国是一个人口众多的发展中国家,人均年收入还只是3万元人民币。李克强总理在2020年5月28日说,我们还有6亿人每个月的收入也就1000元。

同时,我国参与全球产品内分工的战略环境发生了重大的变化。众所周知,在全球产品内分工中发挥比较优势,以劳动密集型产业嵌入跨国企业主导的全球价值链,处于全球产品内分工的底部环节,一直以来是我国参与上一轮全球化的最佳选择。当前,以经济效率为导向的全球产品内分工原则,受到来自逆全球化趋势和新冠疫情的重大冲击。中美贸易摩擦及其后续的一系列冲突证明,在现有的全球产品内分工秩序下,来自上游企业的技术实力决定了一个国家的产业竞争力。越是处于上游的产业,越缺少替代厂商,在发生贸易摩擦情况时,对下游厂家的杀伤力越大。

1.1.2 中高档市场规模扩大——以奢侈品为例

根据凯度消费者指数(Kantar Worldpanel)发布的《2017 全球品牌足迹报告》(*Kantar Worldpanel Brand Footprint 2017*),在全球快消品行业中,消费者对于品牌的消费决策价值达到平均每个产品 1.92 美元。我们知道,消费决策价值是消费者在选择购买还是放弃时的一个重要指标,是选择此品牌而不是另一品牌的主要原因。进一步分析,从快消品到其他衣食住行等,接近 50% 的消费在新兴市场表现抢眼。当前经济进入新常态,在我国的"十四五"规划中,经济增速目标放缓至"中高速",并力图从供给侧着手,推动结构性改革,更好地适应未来高质量的发展。一项范围涉及全球 100 个品牌以及超过千余个样品在不同国家(或地区)定价的调研发现,与 2010 年之前相比,2018 年国外奢侈品在中国国内销售价格和在国外销售价格的整体平均价差呈现断崖式下滑,由之前的 68% 缩小至 16%。由此可以看出,国外奢侈品品牌越来越重视中国市场。

进一步以快消品为例,根据统一企业(中国)投资有限公司相关数据,2014—2017 年食品销售下滑 5% 左右,而同期价值高的面产品销售则相应增长超过 50%;从 1994 年面向的消费群体人均收入少于 300 美元,增长到 2018 年人均收入超过 6000 美元;在过去 20 年,高价值的面产品销量增加 20 多倍,需求的改变极为明显。可以看出,高端化是与中国衣食住行等相关的制造业及相关产业发展的一个大趋势。

同时,近几年伴随互联网和数字技术的发展(图 1-1),奢侈品也打破常规,开始涉足电商平台,如:路易·威登集团(Louis Vuitton Moët Hennessy,通常缩写为 LVMH)在中国上线了最新电商平台——路易·威登(Louis Vuitton,通常缩写为 LV)官方线上旗舰店,这也是路易·威登自 2005 年在法国推出首个网站以来,进入的第 11 个电商市场。而路易·威登在中国官网推出的线上选购服务囊括了当季所有的系列产品。当然,目前提供网上购物服务的名单中仅包含北京、上海、广州等大城市。即使受新冠疫情影响,中国奢侈品市场也在回暖。2020 年

6月7日,路易·威登在中国内地的门店销售额较去年同期增长了约50%,并直接刺激路易·威登集团近期股价猛涨近6%,目前其市值约为1788亿欧元。

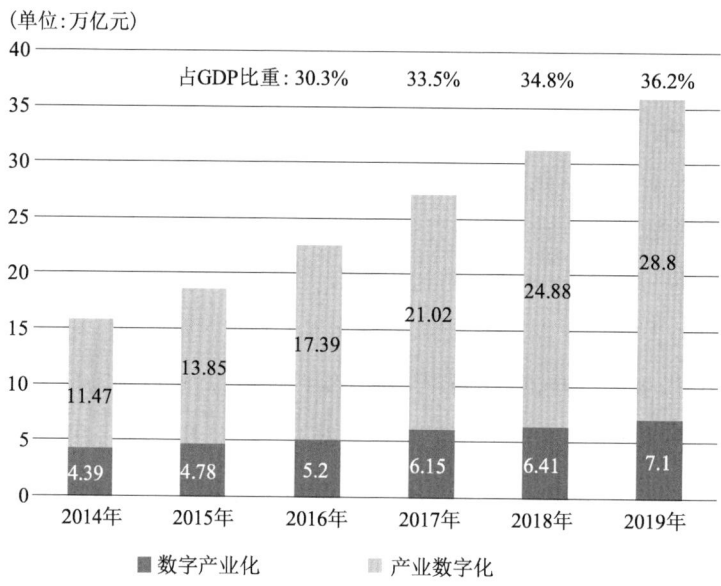

图1-1 中国数字经济蓬勃发展(中国信息通信研究院)

1.1.3 关于"制造业强国、网络强国"建设阐述

与此同时,中国曾经"风光"的制造业,在改革开放40多年来也是命运多舛,急需转型升级和高端突破。在党的"十八大"上,习近平总书记明确提出"国家强大要靠实体经济""抓实体经济一定要抓好制造业"。围绕加快新型工业化、促进信息化发展,习近平总书记发表了重要报告和讲话,作出了一系列重要指示,形成了制造业强国和网络强国相关战略思想,即进一步推动形成战略性新兴产业和传统制造业融合发展以及现代服务业和传统服务业融合发展、信息化和工业化融合发展的局面,助力中国制造从大国走向强国,打造系统创新链,建立以企业为主体、市场为导向、产学研深度融合的技术创新体系,一步步实现优势领域、共性技术、关键技术的重大突破,把科技创新真正落到产业发展上。

1.2 研究意义和研究价值

1.2.1 研究意义

当前,以互联网、大数据和人工智能为代表的数字赋能带来新一轮技术革命,如无人机、无人驾驶汽车、智能家居和 VR/AR 虚拟现实等。有的观点甚至认为,人工智能将引发人类历史上第四次工业革命,为我们带来颠覆性改变。同时,新兴技术(如数字媒体技术)正在深度融合,带来影响深远的技术和产业变革,形成新的生产方式、形态、商业模式等。在这样的发展形势下,研究设计和数字媒体传播促进中国新奢侈品本土品牌培育,能发挥设计和数字媒体传播促进制造业新产业、新业态、新技术、新模式发展的作用,推动传统制造向高质量方向发展,促进制造业供给侧结构性改革。同时,促进设计产业与高新技术产业、智能产业、制造业的产业对接与融合,推动制造业、数字媒体传播等服务业融合发展,加快推进我国制造业强国和网络强国建设。

在互联网、大数据与人工智能等数字赋能背景下,设计和数字媒体传播融合推动中国新奢侈品本土品牌培育,是在产业发展互联网化基础上,进一步孕育形成的全新的品牌模式和形态,这将在未来经济和社会发展中发挥新的品牌培育与引领作用,在填补中国本土奢侈品空白的同时,也能进一步推动传统制造业的发展和转型升级。

1.2.2 研究特点和研究价值

1. 研究特点

(1) 在数字赋能基础上,进一步深化"中国本土新奢侈品"概念。推动设计和数字媒体传播引领中国新奢侈品本土品牌培育实体经济深度融合,实现制造业强国和网络强国建设。数字技术发展领域已成为全球科技领域竞争的制高点,是中国新奢侈品本土品牌培育的重要发展方向,不仅能加快传统产业发展,有利于形成产业竞争新优势,也是推动传统制造产业升级和高质量发展的新动力,是抢占新一轮科技和产业竞争制高点的战略性新兴产业。

(2)本书从奢侈品演变趋势着手,借由设计视角切入,通过设计与数字媒体传播等融合创新,在产业创新和跨界产业融合创新理论上进行突破,以此解决传统制造业发展动力不足(消费和供给层面)和内容不足(产品和创新层面)等转型升级问题。并借由"三者(设计+数字媒体传播+制造)"融合互动促进中国新奢侈品品牌培育,构筑制造业可持续发展协同创新生态,实现各主体之间资源共享,促进知识和技术扩散及创新产生。

2. 研究价值

(1)理论价值。在数字技术赋能推动下,转型升级和品牌培育已然成为中国传统制造业高质量发展的"新动能",通过设计切入和引领,促进设计、数字媒体传播与传统制造业的融合,能极大促进中国新奢侈品品牌培育,真正激活传统制造的活力,并以前所未有的速度和方式改变着我国制造产业创新生态体系。

(2)应用价值。借助工业设计的创新思维和用户洞察,通过设计、数字媒体传播切入和传统制造的融合,抓住新一轮数字技术革命的重心,以科技创新促进我国新奢侈品本土品牌培育和传统制造业高质量发展。未来,中国新奢侈品本土品牌完全有机会成为中国制造发展的领军者。

1.2.3 研究对象和要解决的问题

当前,中国制造业正面临高端品牌发展突破瓶颈危机,急需转型和高质量发展,来适应当下的M形消费形态,即高端和低端热闹、中端冷静,过去四十年引以为傲的"世界工厂"也正在悄然发生变化。尤其从目前中国高端消费品类来看,鲜有中国本土的商品。

可以看出,中国新奢侈品本土品牌培育面临着挑战与机遇并存的时机。一方面,消费者购物习惯改变,提供了很多机会;另一方面,中国本土企业自身也不得不做出选择,如何真正实现转型升级,从现有低端制造进行突破。无论是"轻奢"还是"新奢",都是我们本土企业一次绝佳的转型升级机遇。

为此,本书尝试对上述问题进行深入探讨,归纳出的主要问题包括:

(1) 中国新奢侈品或大众奢侈品是属于怎么样范畴的一种产品,它与传统奢侈品的区别在哪里,应该如何进行界定?即中国新奢侈品的概念、定义及其内涵,以及趋势和特征。

(2) 当前消费升级背景下,本土企业如何把升级和高端品牌突破放在一起?即中国培育新奢侈品本土品牌的必要性和可行性。

(3) 数字赋能背景下,企业面临复杂和多变的数字媒体传播环境,伴随全球范围内设计兴起,中国如何培育新奢侈品本土品牌?中国培育新奢侈品本土品牌的路径有哪些?

总之,对中国展开培育奢侈品品牌研究,不仅仅是对塑造本土品牌进行探索,也是一次较好的理论创新,并能助推中国企业转型升级和寻求高端突破。

1.3 研究框架、研究内容和技术路线

1.3.1 研究框架

按照上述研究方法,本书共分为8章。研究框架(章节安排)、研究内容和技术路线如下。

第1章为绪论。从现实背景与理论背景两方面出发,提出本书所要研究的主要问题,并对全书的研究方法、研究框架和技术路线以及重点、难点和预期创新点等进行阐述。

第2章为文献与理论研究述评。首先对品牌理论进行了回顾,之后对奢侈品品牌研究进行了梳理,并进一步综述转型升级的现有理论研究,在此基础上确定了中国本土新奢侈品研究的定位,以及后续的深入研究方向。

第3章为中国培育新奢侈品本土品牌概念的提出和必要性、可行性分析。本书突破一直以来的奢侈品定义,创新性地提出了"中国新奢侈品"的概念,并对中国本土新奢侈品的定义及其内涵、趋势和特征进行了梳理。同时,从宏观层面分析了中国新奢侈品本土品牌培育的必要性和可行性。

第4章为中国培育新奢侈品本土品牌的内涵与机理。从背景、微观环境,以及市场和消费行为分析等方面逐一陈述,从而一步步揭示中国新奢侈品本土品牌培育的内涵与机理。

第5章为设计驱动中国新奢侈品本土品牌培育路径的实证研究。揭示产品功能设计、产品语义设计和产品交互设计,以及产品感知和品牌感知对顾客购买意向的影响,从而找到设计驱动创新的内在机理和中国培育新奢侈品的理论支撑。

第6章为数字媒体传播驱动中国新奢侈品本土品牌培育路径的实证研究。从相关研究结论可以看出,数字媒体传播在中国新奢侈品本土品牌的产品感知、品牌感知、传统广告行为与购买意向中发挥中介调节变量作用,即数字媒体传播能增强中国新奢侈品本土品牌的产品感知、品牌感知以及传统广告行为对购买意向的影响,从而找到数字媒体传播驱动中国新奢侈品本土品牌培育的内在机理和理论支撑。

第7章为案例研究。结合多案例进行了对比分析,以此为中国新奢侈品本土品牌培育提供经验借鉴。

第8章为回顾与展望。阐述本书的理论贡献与创新,并分析研究中存在的不足和有待改进的地方及今后需深入研究的方面,为本领域的后续研究提出思考和建议。

1.3.2 研究内容

回答 what(是什么)的问题:中国新奢侈品本土品牌概念、定义及其内涵,以及趋势和特征。

回答 why(为什么)的问题:中国新奢侈品本土品牌培育的必要性和可行性。

回答 how(怎么做)的问题:中国新奢侈品本土品牌培育的路径。

1.3.3 技术路线

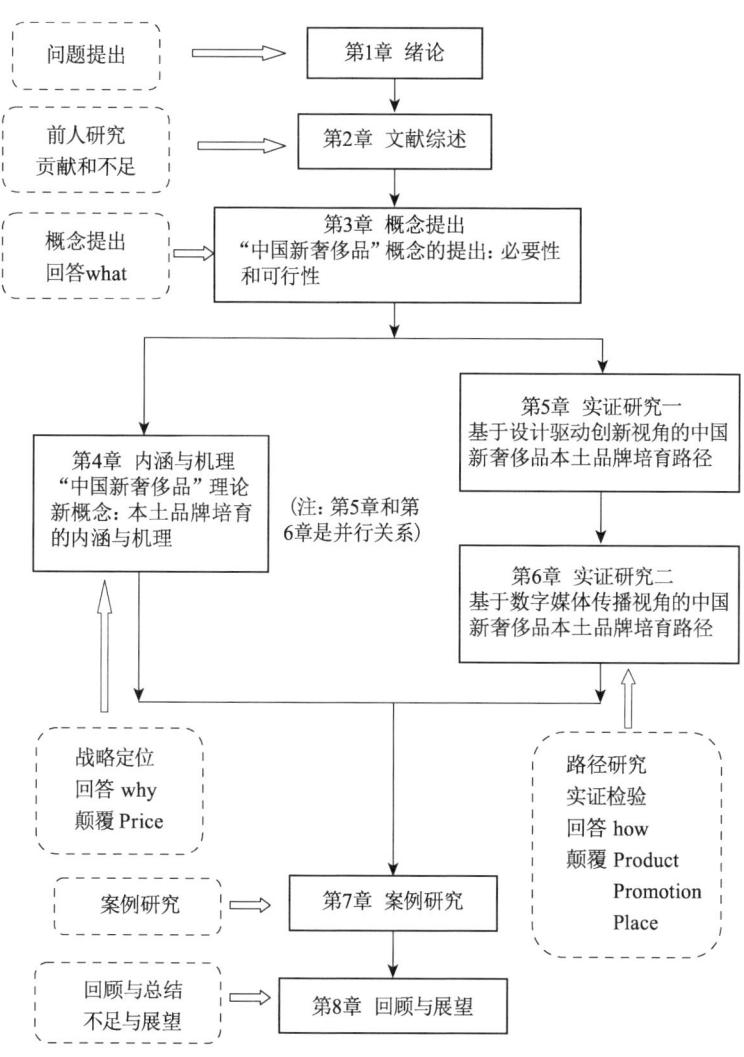

图 1-2 本书技术路线与研究框架

1.4 研究方法、拟突破的重点和难点及预期创新

1.4.1 研究方法

1. 描述性研究

（1）文献资料法：通过收集资料拟定课题研究方案，并论证课题。

（2）案例研究法、调查分析法：包括对前期走访的传统企业、科技企业、工业设计企业、行业协会、高校和数字媒体传播行业等展开调研，并选择有代表性的样本作先期的重点实验研究。

（3）运用定性和定量分析法对相关问题进行阐述。

2. 实验性研究

（1）选择代表性的区域、企业和高校开展试点研究。

（2）针对我国国情、传统企业和设计驱动创新，以及数字媒体发展状况、区域产业特点等对框架进行优化、调整和问卷研究。

（3）相关性研究：运用经验总结法对相关数字媒体和互联网科学技术的发展开展纵向研究；对发达国家基于设计和数字媒体传播融合创新的产品创新趋势和模式等开展横向研究。

1.4.2 拟突破的重点和难点

（1）拟突破的重点：①研究国内外具有典型意义的设计和数字媒体传播的成功案例，总结经验；找准基于数字赋能背景下，设计和数字媒体传播融合创新推动中国新奢侈品本土品牌培育与传统制造高质量发展的案例和学习路径。②提出大数据和人工智能时代工业设计产业发展的重点；包括如何适应人工智能时代的趋势，提出下一轮工业设计发展的战略与对策。

（2）拟突破的难点：研究方案策划和展开的难点。在数字赋能背景下，设计和数字媒体融合是加快中国新奢侈品本土品牌培育与产业转型升级的必要途径。

就目前情况看,我国大多数传统企业的资本实力还不够雄厚,研发投入不足,技术创新能力还不够强大,要在短时间内转向设计与数字媒体传播融合有较大的困难,需要较长时间去试错和培育市场。

1.4.3 预期创新

(1) 理论创新:本书在总结国内外最新文献研究成果,通过对奢侈品品牌和"中国新奢侈品"定义进行分析的基础上,创新性地提出了中国新奢侈品本土品牌概念,并对中国新奢侈品本土品牌定义及其内涵、趋势和特征进行了梳理。同时,从宏观层面分析了新奢侈品本土品牌培育的必要性和可行性;从微观层面结合设计与数字媒体传播融合创新,从而丰富了中国新奢侈品本土品牌培育的理论,以及转型升级和高端突破理论。

(2) 实践创新:当前,本土传统企业急需走出转型升级的困局,也一直在寻求突破。本书的研究给传统制造企业很好的实践指导,尤其通过基于设计和数字媒体传播融合驱动的视角,给中国新奢侈品本土品牌培育指出了方向。

· 第 2 章 ·
文献综述

2.1 奢侈品品牌研究文献回顾
2.2 品牌管理与数字媒体研究文献回顾
2.3 数字赋能研究文献回顾
2.4 文献综述

中国新奢侈品本土品牌培育研究涉及的理论很宽泛,本章试图把奢侈品研究和当前的中国本土品牌和制造业寻求高端突破结合起来,放在一个平台上思考,为后续打开创新思路和空间。

2.1 奢侈品品牌研究文献回顾

2.1.1 奢侈品品牌研究国外文献回顾

对奢侈品的研究最早起源于西方,与西方经济学一脉相承。比如亚当·斯密(Adam Smith)在1776年的《国富论》中论证的必需品的概念:那些不属于必需品的东西被归类为奢侈品[1]。

美国经济学家索斯泰因·凡勃伦(Thorstein Veblen)在1899年提出了"炫耀性消费"的理论:富有的上层阶级会通过奢侈和铺张的消费方式来炫耀自己的财产、地位和身份。1913年,维尔纳·桑巴特(Werner Sambat)指出,奢侈是为了表现文化现象和生活方式。经济的发展和社会文化生活的丰富,促使人们将奢侈品作为不断追求美好生活的方法之一[2]。基于需求弹性原理,兰开斯特(Lancaster K. J.,1966)将奢侈品定义为需求的收入弹性高于1的商品。换句话说,随着收入的增加,对商品的需求也在增加,当需求的增加高于收入增加的幅度时,恩格尔曲线呈"凹"形,则该商品是奢侈品[3]。1990年,麦肯锡公司(McKinsey & Company)将奢侈品商品定义为功能相似的商品中的昂贵商品,指出了奢侈品品牌的"可经济替代性"。

近四十年,奢侈品研究得到越来越多的关注,正如卡弗勒(Kapferer J. N.)在1997年指出的,奢侈品品牌商品代表美丽的事物,这是一门应用于功能性产品的艺术。它不仅是纯粹的,而且是高质量的代名词,包括有形和心理价值,如炫耀价值、独特价值、社会价值、快乐价值、品质价值[4]。维克斯(Vickers J. S.)和雷南(Renand F.,2003)从实用主义、经验主义和象征主义三个维度进行分析,认为奢侈的基础是身份和社会地位的象征[5]。法国高等经济与商业学院(ESSEC)教授西蒙·尼贝克(Simon Nyeck,2004)认为,奢侈品是与幸福和欲望相关的生活方式或生存方式。还有学者明确指出,奢侈品的顾客价值可以用来解释决定购买奢侈品的内在动机,奢侈品的品牌忠诚度取决于消费者对其使用价值的价值判断。米歇尔·舍瓦利耶(Michel Chevalier)和热拉尔德·马扎罗夫(Gerald Mazzalovo)(2008)认为,奢侈品是社会和文化环境内容的一部分,是文化镜子的一部分,它代表了大多数社会和文化景观,能够反映文化发展趋势[6]。

2.1.2 奢侈品品牌研究国内文献回顾

国内针对品牌塑造与营销方面的研究文献最近五年来也非常丰富,当然,首先是以消化国外的品牌研究文献为基础的。冯林燕等(2015)通过对国内外最近几年的奢侈品品牌相关研究进行梳理,辨析了奢侈、奢侈品和奢侈品品牌概念,从顾客感知的视角分析了奢侈品品牌价值的构成,且分析得出其受消费者心理因素与社会因素影响[7]。

卢晓(2018)在他的《品牌赋能:国际精品品牌战略》中主要对国际精品品牌战略进行了整体性介绍,包括对精品的重新定义、国际精品品牌战略的独特性、精品品牌管理、国际精品品牌的消费者管理、国际精品品牌的设计和创意管理、国际精品品牌的国际营销、国际精品品牌的全零售管理与国际精品品牌的整合营销沟通管理[8]。

徐梦珂在2019年以康纳利(CANALI)品牌为案例,研究其奢侈品品牌识别组件,以便更好地了解奢侈品品牌进入中国市场时所采取的成功策略[9]。魏漪(2017)通过对国际知名奢侈品品牌如阿玛尼(ARMANI)的研究,提出了相关品牌管理和营销的建议,以期对相关从业人员有所启发[10]。徐钦(2018)认为,社交媒体营销模式可以提高奢侈品品牌的利润[11]。白世贞等(2018)给出了奢侈品品牌公司"跨国品牌联盟—理性匹配—奢侈品品牌升级"的发展创新路线[12]。张景云等(2016)发现,西方传统奢侈品品牌在最近的运营中面临的障碍以及如何应对相似问题,从而建议中国奢侈品品牌应该采取差异化战略,从国际标准适配器到国际标准建立者的转变,是为了在品牌中创造一种隐藏的"跨文化"元素,合理地发挥原产地效应[13]。李飞等(2015)指出,奢侈品消费的动机和层次是在奢侈品文化环境和平等消费法律环境下产生和发展的,企业必须根据消费者需求、竞争环境和公司自身资源,逐步调整品牌发展,调整所有目标客户、营销位置和营销因素[14]。

2.1.3 述评

品牌知名度是奢侈品感知的关键。一个奢侈品品牌并不需要每个人知道,但必须让目标客户群以及同伴知晓。同样,奢侈品的材质、性能、历史传承这些重要元素,也需要引起顾客注意,从而正确传递出奢侈品的象征意义。

现有研究中,国外文献主要针对奢侈品品牌的定义以及消费者的心理行为来分析奢侈品现状,国内近几年主要是通过分析国外奢侈品品牌成功的案例来为国内奢侈品品牌提供经验与建议。不管哪个角度,研究均有所成效。

综上所述,近年来奢侈品领域的研究基本可以归结于几个领域:①奢侈品的概念与人们对于奢侈品态度的研究;②奢侈品购买动机行为与市场区隔研究;③奢侈品品牌管理与品牌文化。

2.2 品牌管理与数字媒体研究文献回顾

2.2.1 品牌转型升级研究文献回顾

一直以来,国内学者围绕品牌对本土企业转型升级研究展开有近二十年的历史,也呈现出不同的视角,并各有所得。

张春英(2020)分析了新时代黄河三角洲地区中小型外贸企业面临的新形势和发展困境,以某品牌笔业有限公司为例,提出了应对管理策略:建设信息化网络平台和推行信息化管理、构建多元化人才体系、积极推动创新驱动发展战略、推进工作环境安全化与环保化建设、加强企业品牌与文化建设及综合业务能力建设[15]。嘉怿报道了2019年"中国品牌日"系列活动,本次活动的主题是加快中国品牌和全球共享品牌的建设,关注引领高品质发展的国内产品,感受品牌的魅力[16]。

张瑞林等(2018)研究了冰雪体育竞赛品牌管理、品牌演化和演化绩效三个层面的影响,得出了冰雪体育竞赛品牌管理、品牌演化和演化绩效的主要影响因素[17]。雷翔程(2020)以茶百道(CHABAIDAO)为案例对象,从多方面对其一线门店管理现存问题进行分析,以质量管理为理论依据,为茶百道及相似品牌门店未来发展提供针对性建议[18]。陈欣欣(2020)以海南省保亭县为例,分析了当今旅游行业的发展现状及在文化、传播等方面所遇到的问题,并探讨保亭县在生态旅游品牌管理过程中所面临的机遇与挑战,最后提出如何在打造区域特色、完善传播渠道两个方面对保亭县品牌文化管理和品牌传播进行提升[19]。戚德祥和许琴(2020)认为,我国出版企业若想在国际市场站稳脚跟,就应从创新能力建设着手,以创建国际品牌为战略导向,实施全面创新管理,全力打造一批国际知名的品牌产品,并在品牌打造过程中提升企业的创新能力[20]。于富喜在2017年确立了农业品牌的品牌战略理念,并提出了将其与互联网创新品牌的营销战略相结合、运用产业思维为农产品品牌奠定物质基础、履行政府职能等建议[21]。

王家宝等(2016)从回力(WARRIOR)品牌的转型升级开始分析,认为回力抓住机会,完成了从生产型到品牌运营、从大批发到授权经营的两次转型,并完成了产品、定位、模式、推广四方面的创新,从而让老牌国货重新焕发了活力,也为其他国货品牌提供了转型升级的经验[22]。翟晓瑞(2019)认为,华为(HUAWEI)手机取得了巨大的发展,赢得广泛的消费者信心的主要原因是华为懂得如何紧紧抓住移动互联发展的机遇和选择正确的手机品牌营销策略,其营销策略是基于产品的自主研发,强调手机品牌形象的塑造[23]。

李桂华等(2016)回顾了近几年发表在中文核心期刊《中国国内管理与经济》上的682篇论文,将国内品牌管理的研究过程分为搜索期、成长期和成熟期三个阶段,并描述了每个阶段研究重点和研究方法的变化趋势[24]。刘英为等(2016)揭示了企业如何通过品牌基础理论来管理品牌,并在全球化背景下,从品牌基础的包容、作用机制、模式构建等方面打造出一个享誉国内外的强势品牌[25]。贾平和樊传果(2016)分析了品牌价值链的内涵和逻辑思路,构建了品牌价值链分析框架,构建、分析、组织和改进品牌价值链的每个活动环节,从企业价值链管理、将功能价值与情感价值融入品牌的规划过程、品牌定位和自我表达价值四个方向来完善品牌价值链的完整性[26]。

2.2.2 数字媒体理论研究文献回顾

方兴东等(2020)重点梳理和总结了过去50年的演进逻辑,初步勾勒了新时代网络空间和现实空间深度融合、多种传播机制叠加与联动的新型数字传播理论的认识框架,为整个传播学的范式转变提供启示[27]。康睿(2020)从新媒体的概述出发,对其定义、特征以及数字媒体进行介绍,分析数字媒体视阈下新闻传播的改变状况,并列举基于数字媒体视阈下新闻传播的推广路径,阐述数字媒体在新闻传播中的运用意义,提出了新闻传播的有效策略[28]。孔少楠等(2020)结合2019年突发公共卫生事件,分析突发性公共卫生危机中信息传播特点,从行为经济学视角分析社会规范和情绪对公众健康决策的影响,并对危机发生时公众情绪引导和公开信息传播策略进行探讨[29]。

王嘉忆(2020)认为,随着社会经济与新兴媒体产业的快速发展,各国之间的文化交流日益密切,数字媒体传播在中国方案和文化自信传播中发挥着越来越大的作用[30]。翟灿(2019)认为,借助数字技术广告图形也可以具备声音和动态效果,这强化了图形的瞬间视觉冲击力、感染力,在数字媒体时代,广告创意设计者需要认识和利用数字媒体的特点,采取相应的传播策略,设计、制作符合新传播特性的广告图形[31]。

2.2.3 述评与分析

当产品的性能、质量、生产效率和服务能力成为企业管理的技术要素时,理解顾客需求和控制品牌的能力逐渐上升到战略要素。这就是为什么企业主越来越意识到品牌建设在公司核心竞争力中的重要程度。然而,随着数字时代的迅速发展,社交媒体和网络工具的使用正飞速增长,企业正面临着巨大的挑战。随着营销活动逐渐虚拟化,品牌越来越难以知道它们的客户在哪里,传统的片面品牌传播是无效的,企业对它们的品牌难以控制。

数字化时代是一个更具挑战性的时代,企业失去了对客户关系的控制,客户有权共同体验和交谈。对企业来说，将品牌灌输给它们的客户并不容易，更多的是注重企业和客户一起创造品牌。与此同时，数字化时代充满了变革的机会，公司有越来越多的渠道和方法快速接近它们的客户。当消费者听到品牌在悄悄改变时，越来越多的消费者也会通过网络媒体看到其他消费者对品牌的评论，并列出它们的排名，而通过社交媒体，品牌必须放弃旧观念，专注于品牌，与消费者共同成长。

如上所述，品牌所有者需要改变其传统的品牌管理模式，以其他品牌的成功经验为基础，建立明确的数字化品牌战略，传达坚实、无缝和一致的品牌体验，并紧紧抓住客户，以此在消费者行为和需求迅速变化、竞争日益激烈的时代热潮中获得一席之地。

2.3 数字赋能研究文献回顾

2.3.1 数字赋能相关概念研究文献回顾

孙新波等（2020）认为，数据赋能概念的定义需要关注系统的整体性，基于国内情境的数据赋能研究的理论基础是资源基础理论和动态能力理论，而基于国外情境的数据赋能研究的理论基础则是激励理论，并与包容性创新理论存在理论相似[32]。陈海贝和卓翔芝（2019）利用国内外相关文献的样本数据，通过文本编码对样本进行处理，探索该领域的主要工具、研究内容和研究方法[33]。

苏黄菲菲和黄跃（2020）认为，数字经济背景下助推产业融合，要优化顶层设计和企业数字赋能理念，强化融合互动机制，构筑融合支撑体系，优化融合发展软环境[34]。马文君和蔡跃洲（2020）认为，新一代信息技术作为新一轮科技革命的核心，可以通过"产业机制"和"赋能机制"推动和支撑经济发展动力变革，新一代信息技术对省域经济增长有着明显的促进作用，但并不能提升全要素生产率；新一代信息技术已成为促进我国经济发展动力变革的重要支撑，但主要是通过产业机制来实现[35]。罗煦钦等（2020）认为，数字赋能正逐步融入我国经济社会各个领域,成为推动经济质量与效率发展的驱动力[36]。

2.3.2 政府数字化转型与数字贸易相关理论研究文献回顾

王岩等(2019)指出,2019年政府工作报告中首次提出"打造工业互联网平台,拓展'智能+',为制造业转型升级赋能"[37]。徐梦周和吕铁(2020)通过对数字经济条件下市场体系的特征变化及面临挑战的分析,认为数字政府赋能的核心在于增进市场机能,进而更好发挥出市场作用;赋能的关键在于要素释放与主体培育、市场秩序有效维护以及公共政策的动态调整与创新[38]。龚艺巍等(2020)以浙江省政府数字化转型为研究对象,总结和归纳云技术赋能的政府数字化转型阶段模型:云技术的赋能角色决定了数字化转型在跨组织、跨部门、跨层级和跨地域上所能触及的广度,并影响着转型改革的深度;云技术的类型随着转型的不同阶段而变化,但始终围绕着政府对数据价值的挖掘与利用进行展开[39]。吕普生(2020)通过对目前中国存在的城乡数字鸿沟的分析,认为在信息生产的可能性、信息接入的可及性、信息支付的可负担性和信息使用的智能性四个维度中农村居民处于劣势当中;如果得不到有效弥合,城乡数字鸿沟将在农业的数字化转型、农村的社会建设等领域带来一系列问题,最终阻碍城乡融合进程[40]。

陈慧等(2019)通过对104家机构(档案馆/局、政务资源中心和大数据管理机构等)实地调研数据的收集和分析,挖掘其实践活动过程中的隐性知识,并分析这些隐性知识在实现整合与服务中的七个方面的赋能作用:法律与政策的保障能力、档案业务与政府业务的融合能力、示范应用的实施能力、风险管理的控制能力、档案机构的主体责任能力、组织文化的构建能力和档案工作者的认知能力[41]。曾静怡和牛力(2018)从内在和外在两个方面,考察了档案的价值创新:一是档案价值发现的方法,二是档案价值共同创造的机制原理,突出了服务升级和通过创新实现档案转型的重要性和现实意义[42]。万昆和任友群(2020)分析了当前基础教育信息化发展过程中存在的三层数字鸿沟:数字技术的接入鸿沟、数字技术的使用鸿沟、素养鸿沟[43]。

汪延明在2020年给出了数字贸易的概念,结合数字贸易的发展现状,探讨数字贸易的发展机遇和面临的挑战,并给出对策建议:数字贸易是在制度创新建设规则、管理创新平台、技术创新数字化三维驱动下,将数字化的贸易内容一站式便利化的新型业态[44]。李林秋(2019)以中国出口型跨境电商为研究对象,探讨了数字赋能对跨境电商从选品、制造、采购到销售阶段价值共创过程的影响,认为跨境电商通过数字赋能有效促进价值共创,实现资源在数字赋能下的互动与整合[45]。李玫昌和贺小刚(2020)结合智慧数字赋能跨境电商新零售发展契机,以国内大型电商零售企业为切入点,从跨界战略合作角度展开数字化跨境电商加速赋能新零售的应用分析,探究数字化跨境电商赋能新零售供应链价值"智慧"升级机制[46]。

刘凯和于天(2019)结合商业银行目前数据治理工作情况,认为其主要面对的是数据真实性、数据质量、海量数据、数据孤岛和数据信任的问题;并结合目前我国商业银行科技化、数字化进程发展情况,提出相关建议[47]。练靖雯等(2019)总结归纳了数字人文学者的特点和分类,阐述了技术就绪度和数字赋能的概念,对我国数字人文学者的技术就绪度展开调研,采用并改进现有成熟的量表,结合数字人文项目的特色和我国现阶段数字人文研究的特点进行实证分析,并从平台设计、技术培训以及跨学科合作的角度提出相关数字赋能的对策[48]。解学芳和张佳琪(2019)通过分析当下文创产业在新技术驱动下的变化,认为新文创的数字化、智能化、场景化和品牌化转向是大势所趋,建议由AI赋能新文创,新文创产业的发展应立足内容,聚焦质量与创新,以技术先行,统筹效率与场景,以跨界合作助力新文创产品"走出去"[49]。

黄震(2018)通过以区块链为监管领域带来的新功能进行研究,以及国内外基于区块链的监管科技实践,认为合规区块链有利于实现多方同时在线协同交互监管,可以加快技术转型迭代和优化监管科技治理范式,促进跨界跨境国际合作,促进合规管理自我进化提升[50]。费晓蕾(2020)认为,数字赋能是一种提高收益的手段,也使得"地摊经济""夜经济"等经济模式取得新一轮进展,推动着我国数字经济进一步发展[51]。范建军(2020)认为,以数字赋能推动市场监管治理能力现代化需要做到四点:①数字赋能简化审批。全面对标世界银行营商环境评价标准,提升开办全环节业务一次办结业务比例。②数字赋能优化监管。以抽检数据为支撑,探索食用农产品的赋码管理,提升安全监管保障水平,加强税务、法院、电力等部门数据的归集,深化线上线下市场的协同治理。③数字赋能促进消费。受新冠疫情影响,提振消费信心、扩大内需市场的需求更为迫切。④数字赋能服务发展。注重发挥市场主体"第一手数据"的资源优势,加强数据分析应用,更好服务社会经济发展[52]。

2.3.3 制造业数字化转型理论研究文献回顾

罗仲伟等(2017)立足于当前的时代背景,从发展的角度探讨了企业内部组织结构的发展趋势,试图阐明信息时代企业组织结构的一个新的基本原则,提出关于企业组织结构赋能原理的基本假设:信息技术革命引起了公司组织性质的重大变化,雇佣关系已被合作关系所取代,"赋能"是实现相应的组织激励约束的基本组织原则[53]。胡春辉(2020)认为,在数字经济背景下,企业管理将越来越需要"新供应链思维"和以集成和连接为中心的"数据思维"[54]。周文辉等(2018)研究了流程建模的单案例,旨在检验传统制造业公司如何通过数字赋能促进大规模定制创新[55]。

罗仲伟和陆可晶(2020)认为,数字技术为中小企业在抗击新冠疫情中加速转型升级提供了方向和路径,中小企业在转危为机的自救自强中应当选择突破性变革,积极主动地依托数字技术加速转型升级,各级政府和社会力量也需对此提供针对性倾力支持[56]。焦勇(2020)认为,数字经济对制造业的影响逐步从价值重塑走向价值创造,为制造业转型提供新思路并赋能制造业转型,具体表现为"从要素驱动到数据驱动、从产品导向到用户体验、从产业关联到企业群落、从竞争合作到互利共生"四个维度[57]。

孟凡生等(2019)基于数字赋能视角,通过对"金风科技(GOLDWIND)"和"陕鼓动力(Shaangu)"的纵向双案例研究发现:高端装备制造企业向智能制造转型过程中,经历了数据存储、数据分析、数据融合三个阶段的演进过程。高端装备制造企业的差异化产品研发流程经历了产品生产销售、产品和服务整体解决方案,再到智能化整体解决方案的转变[58]。胡海波和卢海涛(2018)立足于企业商业生态系统演化中的价值共创,以数字赋能为视角,以仁和集团(Renhe Group)为案例研究对象,分析了企业商业生态系统在不同演进阶段价值共创的主体和类型的变化[59]。周文辉等(2018)考察了滴滴平台公司(DiDi)的数据赋能能力对价值共创造过程的影响,滴滴不仅通过数据赋能有效地促进了价值共创,同时进行了动态演化[60]。

2.4 文献综述

2.4.1 文献研究的不足

上述对数字赋能与数字媒体以及转型升级展开的文献回顾是为后续把制造业转型升级与奢侈品培育放在一个平台上,并且为如何培育国内奢侈品品牌与制造业的转型升级相联系而展开研究所做的铺垫。通过进一步对奢侈品品牌管理和数字赋能展开的文献进行梳理,可以看出存在如下不足。

(1)文献研究中大部分都是通过分析国外成功案例来得出品牌管理的建议或理论,很少研究如何培育中国本土新奢侈品,即使有很多研究国内品牌成功的案例,也只是快消品或其他,很少有奢侈品的身影,这一方面跟我国奢侈品行业发展有关,另一方面也可见对我国奢侈品的不自信。

(2)现有奢侈品研究,较多指向的是化妆品、皮具、服装等传统分类,奢侈品范围涵盖视野不够开阔,从而阻碍了本土奢侈品进一步研究的空间。

(3)尽管现有研究大多意识到本土品牌培育的重要性,但把本土品牌和奢侈品培育相结合,放在一起思考的文献研究较少,较多都是跨国企业的奢侈品品牌如何拓展在华市场的研究。结合本土转型升级的研究很少,与高端突破结合少,大多都是孤立地看待奢侈品品牌的营运和管理。

(4)数字赋能和数字媒体的文献资料倒是不少,也涉及各个领域,但是结合最新的设计驱动创新与数字赋能,结合互联网发展对中国奢侈品本土品牌培育的研究却是不多见。

通过对文献的回顾和梳理,可以找到理论研究的不足,也就是找到研究的定位,以便有针对性地进行本书的研究。

2.4.2 文献研究带来的启示

奢侈品很多时候也是一种标识、形象或符号价值,甚至有个性,有人性化的灵魂,如提到香奈儿(CHANEL),人们马上会想到品牌背后的故事以及"高端奢侈品";谈到劳斯莱斯(ROLLS ROYCE),人们会想起豪车以及财富;看到圣罗兰(YSL)三个字母,女孩子立马会滔滔不绝地谈论口红色号。

可见,奢侈离不开背后的设计,无论是有形价值还是无形价值的设计语义和内涵。自20世纪80年代以来,学者们相继重新定义了设计的传统概念,并将其引入创新研究中,维甘提(Verganti R.,2003)和克里斯滕森(Christensen J. F.,1995)指出与设计相关的两种能力是功能应用和美学能力[61-62]。闰多瓦(Rindova V. P.)和佩科娃(Petkova A. P.)(2007)认识到可以从三个方面对设计进行选择:系统的功能性、美学特征和符号性[63]。对于奢侈品品牌来说,品牌建设的基础和奢侈品品牌传播策略的重点是设计。奢侈品品牌的设计诠释了奢侈品的精神内涵和文化,同时表达了品牌的态度与想法,主要目的是牢牢把握住消费者想要与众不同、别具一格的消费体验的心态。

与此同时,品牌培育离不开品牌传播。互联网的发展,特别是数字化媒体的发展,带来巨大的机遇,使得传统传播方式发生崩溃和变革,已经改变了整个传媒的格局。根据麦肯锡的最新调查,中国目前超过9亿网民。在这个社交和资讯并行的年代,奢侈品营销与信息化结合,品牌管理数字化已经不可避免地成为未来奢侈品营销的方向。

为此,通过对设计、对数字媒体传播的外部环境趋势变化进行梳理和分析,也可以为后续更好地开展中国新奢侈品的相关研究提供新的视角。

2.4.3 本书研究定位和研究思路

如何在对前人文献的梳理和理解基础上,找到前人研究的空缺,进行传承和创新?关键还是要有所突破,要站在巨人的肩膀上,在前人的基础上进行创新,哪怕是微小和局部的推动。为此,下一步的研究思路有如下几点。

(1)理论梳理和找到理论空缺,确定研究定位,结合品牌、结合升级、结合中国本土奢侈品等,进行汇总和统筹思考。

(2)把数字赋能和数字媒体与中国本土奢侈品结合起来,给中国本土奢侈品一个新的发展平台与渠道,并对此研究可行性。

（3）从产品的角度来看，放大奢侈品的范围，不再是化妆品或服装这些传统行业，而是任一行业、任一产品，都可培育成奢侈品，并研究其所需具备的条件以及机理。

（4）把"奢侈品＋数字赋能＋升级"，三合一放在一起，基于颠覆性创新理论，从设计驱动创新和数字赋能两个视角，双管齐下、双轮驱动、双向分析，以寻找中国本土奢侈品品牌培育的有效路径。

总之，本书拟开展的中国新奢侈品本土品牌培育研究将会进一步丰富现有的奢侈品研究，丰富现有的品牌和转型升级研究，丰富现有的数字赋能技术的研究，同时为中国本土奢侈品品牌培育提供一些强有力的建议，为制造业转型升级提供可行的路径与思路。

· 第 3 章 ·

中国新奢侈品本土品牌概念的提出:必要性和可行性

3.1 传统奢侈品品牌概念
3.2 中国新奢侈品本土品牌概念的提出——放大的奢侈品
3.3 中国新奢侈品本土品牌培育与中国制造业转型升级融合
3.4 中国新奢侈品本土品牌培育:中国制造高质量发展必由之路

3.1 传统奢侈品品牌概念

3.1.1 何谓奢侈品

很多时候,奢侈品并没有一个很明确、标准的定义。国际上一般延续西方传统奢侈品的概念内涵,将奢侈品定义为一种超出人们基本需求与生存范围内的商品,一般具有稀有、独特等特点。就像一千个人心目中有一千个哈姆雷特一样,由于每个人的生活经历、消费方式、生活节奏的不同,奢侈品这个概念对现代消费者而言,形式也各不相同。迪奥(DIOR)首席执行官西德尼·托莱达诺(Sidney Toledano)认为:对如今的奢侈品消费者而言,光有渊源和故事已不足够,它们必须是历史、品质、新潮和渴望,以考究的方式进行融合。德国原宝马汽车公司董事会成员、PAG集团董事会主席沃夫冈·拉茨勒(Wolfgang Ratzler)则认为:"奢侈是一种整体或部分地被各自的社会认为是奢华的生活方式,大多由产品或服务决定。"[64]奢侈品在不同学界的定义也是不尽相同的,比如:经济学家认为,奢侈品指的是价格与质量相比或者无形价值比有形价值高的产品;市场学家认为,奢侈品只是一个形容词,一开始指的是为贵族阶级提供服务的一切活动,后来用以形容富贵豪奢的生活;一般而言,奢侈品主要是指那些能给消费者带来高质量、高享受、高品质生活的商品,除了基本的实用功能(有形价值),还具有满足消费者精神需求(无形价值)的特性。

对于奢侈品的定义各有各的说法,但什么是奢侈品还是有一定依据,并且有迹可循的,并不是表面上理解的成品这么简单,有一定的珍贵性和稀缺性。路易·威登集团联合创始人阿兰·舍瓦利耶(Alain Chevalier)认为,奢侈品必须满足三个条件:必须具有艺术文化内涵;必须是工匠精雕细琢的结果,而非粗制滥造;必须具有国际性。还有学者认为奢侈品可以分为三个层次:第一为稀缺的奢侈品,数量稀少且工艺繁复,有时完全通过手工完成,如菲拉格慕(Salvatore Ferragamo)的定制鞋款;第二是中等级别的奢侈品,价钱昂贵、款式稀少,不一定非是原品,有时也可以是复制品,如积家(Jaeger-LeCoultre)的限量版手表;第三是价钱适中容易入门、制作工艺不难的产品,在美国则称其为入门级奢侈品,如迪奥男装成衣。

还有一种说法是——真正的奢侈来自定制。在流水线生产工作中,纯手工的产品是一件很奢侈的东西。不仅仅是那些珍贵的现成品或者奢侈品品牌做出来的产品,更重要的奢侈品是那些传统的手工技艺——那种追求质量和完美的精神,或者文化,比方说京剧、昆曲。

奢侈品行业主要可按以下几种分类方式划分,如表 3-1 所示。

表 3-1 奢侈品行业产品分类

分类依据	分类情况
商品类别	服装类、皮具箱包类、烟酒类、珠宝首饰类、私人别墅类、豪车类
价格程度	入门级奢侈品:主要是日用产品,如香水、衣服、化妆品等,价格一般在十万元以下
	中等级奢侈品:一般指汽车、手表等,价格一般在十万元以上千万元以下
	高端级奢侈品:主要是非常用商品,一般指的是游艇、私人飞机、豪华别墅等,价格一般在千万元以上
消费感受	传统奢侈品、新奢侈品

虽然学术上对奢侈品尚未有一个明确的定义,对于不同收入层次的人来说,奢侈品的概念与范畴也不尽相同,但不管是哪一类,往往具有以下几个特征。

1. 易识别的标志

纵观各个种类的奢侈品,很容易发现它们都有一个很清晰、易识别的标志(Logo),如人们识别车辆就是依靠不同的车标。Logo 之所以重要是因为 Logo 作为图画类比起文字类更能让消费者一眼记住,且设计鲜明独特的 Logo 更能吸引消费者的注意力,所以奢侈品商品中必不可少的就是 Logo。如各大家喻户晓的服装奢侈品品牌:香奈儿经典的黑白双色和圆领小沿边几百年来一直未变;星巴克(STARBUCKS)奇怪的人鱼标志;圣罗兰三个看似并不协调的字母,代表着其一贯倡导的摇滚美学与高端定制的结合。此外,很多设计师都会在奢侈品上附带上代表自己或其他含义的设计图案,这不是简单地炫耀,而是为了与消费者交流，让消费者感受到自己所穿戴的不是简单的服饰，而是带有温度与内涵的文化产品。

2. 限量高质

奢侈品不论是从外观还是内在往往都是"最高级"的，高颜值的设计、高品质的材料、高端的服务，显示出一般商品所没有的奢华和内涵，并且奢侈品往往是限量出售。一方面拉开了与一般商品的距离，提高了奢侈品的价格；另一方面也让顾客感知到商品或服务的高端感，使得顾客乐意为商品的溢价付费，并且觉得商品的价值值得付那么多钱。限量的目的一方面是为了巩固奢侈品的价格，另一方面是为了拉开与消费者的距离，设置消费壁垒。奢侈品不是普通商品，不可能因为消费者的需求多而增加供应量，相反，为了制造奢侈品奢侈与尊贵的感觉，品牌方往往会限制产品生产量。就如《时尚芭莎》前总编辑苏芒所说："真正的奢侈永远是一物难求的珍贵。"爱马仕（HERMES）多年来也是深谙此道，它的 Birkin 与 Kelly 系列包包，是有钱也买不到的身份象征。路易·威登也是如此，卖不掉也狠心下架，极少降价。

3. 清晰的品牌定位

奢侈品品牌往往有一个很明确的品牌定位，知道自己追求的目标，以己为荣，不断树立起个性化大旗，与其他大众品牌形成明显的"差异化"，创造着自己的最高境界。如豪车中的知名奢侈品品牌劳斯莱斯追求手工制作、法拉利（Ferrari）追求运动速度、奔驰（Mercedes-Benz）追求顶级品质、凯迪拉克（Cadillac）追求奢华舒适，它们各具匠心、各具特色。但正是因为各品牌的差异化与独特性，才区分出了大众品与奢侈品，显示出奢侈品的尊贵，让消费者觉得其"名副其实"。

每一个成功的奢侈品品牌，都不是以在最短的时间卖出最多的产品为目的。而每一个成功的品牌都是有一个很明确的定位，长期坚持，一直不变。奢侈品之所以奢侈，就是因为它不是为了普通大众而设计的，而是有特定的目标用户，所以大众的定位是行不通的，必须根据小众群体（目标客户）的品位来设计。而且从设计到品牌营销，每一步都得坚持品牌的定位，很多品牌几百年来其实都是在做一件事情，就是坚持自己的定位，同时这也是奢侈品的魅力所在以及无形价值。

4. 距离感

在市场定位上,奢侈品品牌就是为少数"富贵人"服务的。所以,为了维护目标顾客的优越感,作为奢侈品品牌必须制造望洋兴叹的感觉,让大多数人产生可望不可即的感觉。距离产生美,奢侈品品牌要不断地设置消费壁垒,拒大众消费者于千里之外,只有产生了距离,才能保持少数人的优越感,保持品牌的价值。当认识品牌的人与实际拥有品牌的人在数量上形成巨大反差时,奢侈品品牌营销也就成功了一半,毕竟奢侈品一开始就是"少数人拥有,大多数人梦寐以求"。

5. 有故事作为口碑

奢侈品不仅要外在奢华,内在也需要有故事来补充以增加品牌的深度,不管奢侈品品牌是年轻还是历史悠久,最明显的就是每一个品牌都有其背后的故事,哪怕只是一个小故事或一段普通的小经历,都能被品牌拿出来放大,发现其中亮点,用以宣扬品牌的内在精神。在每次会场都有香奈儿品牌方的人讲述品牌创始人香奈儿女士(Coco Chanel)的故事正是这个原因,一个故事不断重述、口口相传,哪怕再普通,也会成为家喻户晓的故事,同时让人记住品牌,经久流传。

例如:法拉利是世界著名的赛车和跑车制造商,其车标"跃马"背后就有一个感人的故事。一对在第一次世界大战中为国捐躯的意大利空军英雄的父母,为了纪念爱子,于是恳请法拉利将其爱子座机上的"跃马"标志镶嵌在法拉利车系上。法拉利创始人恩佐·法拉利(Enzo Ferrari)接受了这对英雄父母的建议,并在"跃马"的顶端加上了意大利国徽,底端是法拉利的横写字体,最后结合他的家乡蒙大拿州的代表颜色——黄色,形成了一匹天地之间任我驰骋的跃马。

3.1.2 奢侈品历史发展与阶段划分

每年相关机构都会出具一个世界著名奢侈品品牌排名,但每一年前十、前二十、甚至前五十,大部分都是欧洲奢侈品品牌,中国很少甚至没有一个上过榜。如在2020年全球前十大顶级奢侈品中,可以发现它们100%源自欧洲,其中5个来自法国、4个来自意大利、剩下1个来自英国。2020年世界十大名表品牌:百达翡丽(PATEK PHILIPPE)、爱彼(AUDEMARS PIGUET)、宝珀(BLANCPAIN)、江诗丹顿(VACHERON CONSTANTIN)、伯爵(PIAGET)、积家、芝柏

(GIRARD-PERREGAUX)、宝玑（Breguet）、卡地亚（Cartier）、劳力士（ROLEX），这些没有一个是欧洲以外的品牌。欧洲奢侈品实际上占据全球奢侈品市场的主流，而这些欧洲奢侈品均是世界传统奢侈品的代表。

为何欧洲拥有如此之多的奢侈品品牌，并且享誉世界，主要还是历史原因。现代西方人一般认为，奢侈品品牌源于追求艺术之美的欧洲，特别是以铺张挥霍方式生活的法国宫廷。17世纪，路易十四在执政期间不仅修建了凡尔赛宫，还大力发展艺术，在吃穿用度各个方面追求奢华精致，当前法国的时装、香水、美食、艺术、建筑、音乐等都受到那个年代的影响；1954年成立的法国精品行业联合会（Comité Colbert）就是以路易十四任内的财政大臣科尔贝（Jean-Baptiste Colbert）命名的，他是当时的皇家建筑、艺术与制造业总督。根据奢侈品产业的发展情况，我们可以把奢侈品的发展历史分为四个阶段。

第一阶段：19世纪到20世纪初，奢侈品开始诞生。

自15世纪以来的探索发现和随之而来的殖民主义，欧洲上层社会聚集了大量财富，滋生了以奢华和享乐为核心的生活方式，尤其是在宫廷与贵族中形成潮流。例如，法国国王亨利四世的第二任妻子，身着绣着3万多颗珍珠和3000多颗钻石的礼服出席孩子的受洗礼。19世纪上半叶，欧洲处于封建统治的末期，大量奢侈品品牌诞生，如百达翡丽、积家、浪琴（LONGINES）、伯爵等都诞生于19世纪。这些品牌最初服务于皇室贵族，创始人多为某一领域的匠人，例如：路易·威登为贵族提供旅行用行李箱，卡地亚也获得了欧洲多个国家宫廷的供货许可，爱马仕为贵族阶层提供马具。虽然服务于皇室和贵族，但这些品牌、店铺和作坊是属于品牌创始人个人（欧洲皇室采取指定供应商制度），即使后来皇室贵族消失，这些品牌仍能延续和传承。

第二阶段：19世纪下半叶到第一次世界大战前，奢侈品繁荣发展。

19世纪末，经历了社会变革和血腥的革命，全世界的专制王朝逐渐被更为民主的社会取代。欧洲的"美好时代"时期，工业革命、殖民主义带来大量财富。那些拥有巨额财富的欧洲贵族和美国精英，渴望享受与曾经的王室一样的生活。曾经服务于皇室的奢侈品品牌，延续了其历史传统和优良品质，新兴资产阶级成为这些品牌的新消费群体。同时这也是欧洲艺术发展的高峰之一，该时期诞生了众多艺术流派,如印象主义、野兽派、超现实主义等。财富积累、艺术发展、工业技术进步又促成了一批品牌的诞生,同时部分奢侈品品牌也在逐步扩大经营地域范围,如卡地亚在1902年于伦敦和纽约开设分店。但是这个阶段,大多数品牌仍然是以家族为单位进行小规模的生产与销售。

第三阶段:20世纪八九十年代,奢侈品全球扩张。

由于第二次世界大战和经济大萧条,很多奢侈品面临倒闭,这种情况一直持续到20世纪50年代,这之后奢侈品不但复苏,还进入了经济迅速崛起的国家,如日本和中国。

1976年,欧米茄手表(OMEGA)是在1949年以后第一个进入中国市场的奢侈品品牌。1979年改革开放的浪潮席卷全国,为奢侈品进入中国提供了最合适的契机。这一年,法国人头马酒(RÉMY MARTIN)进入中国市场,并在以后成为对中国最具影响力的奢侈品。20世纪90年代是国际奢侈品进入中国最多的时期,诸如我们大家都熟悉的兰蔻(LANCÔME)、雅诗兰黛(ESTEE LAUDER)、倩碧(CLINIQUE)、香奈儿等,并且形成时尚潮流。1993年,香奈儿成为中国女性消费者追求的时尚品。1994年,著名男装品牌胡戈·波士(HUGO BOSS)进入中国。在20世纪90年代后期,阿玛尼、爱马仕等品牌也不甘落后,纷纷来到中国开店,详见表3-2。

表3-2 20世纪90年代进入中国的奢侈品品牌时间

国际奢侈品品牌	进入中国时间	所属国家
皮尔·卡丹(pierre cardin)	1978	法国
卡地亚(Cartier)	1990	法国
路易·威登(LV)	1992	法国
香奈儿(CHANEL)	1993	法国
雅诗兰黛(ESTEE LAUDER)	1993	美国
巴宝莉(BURBERRY)	1993	英国
古驰(GUCCI)	1996	意大利
爱马仕(HERMES)	1996	法国
阿玛尼(ARMANI)	1998	意大利

而在20世纪70年代后期到90年代末,日本经济以平稳速度增长,人均GDP从1970年的1.29万美元增长到1990年的2.65万美元(以1990年购买力平价换算),奢侈品需求增长迅速:1985年日本的奢侈品市场规模不到4500亿日元,到了1990年泡沫经济破裂前,规模达到约1.65万亿日元,年复合增速接近30%。在奢侈品品牌正式进驻日本之前,出现过大规模的代购现象,即一些日本的经销商去欧洲、美国进行大批采购再回国销售(有时国内外的价差可达3倍),同样也有大量日本人去欧洲旅游采购,把门店买空,欧洲很多奢侈品门店都训练店员说日语。

第四阶段:21世纪到当前,奢侈品新一轮发展。

到了2003年,中国人均GDP达到1000美元,消费结构开始改变,中国真正拉开了奢侈品消费的序幕,从此奢侈品开始进入快速增长阶段。2004年,中国颁布了《外商投资商业领域管理办法》,向国外企业开放了商业市场。这是一个奢侈品的里程碑式的文件,它积极促进了国际奢侈品对中国的大力度投资,国际独资的奢侈品专卖店如雨后春笋般成长,奠定了中国成为奢侈品消费大国的基础。

根据贝恩资本(Bain Capital)与意大利奢侈品行业协会(Fondazione Altagamma)联合发布的《2019年全球奢侈品行业研究报告(秋季版)》,2015—2019年,中国奢侈品市场规模(不包含海外消费)持续增长,已经达到2810亿欧元(图3-1)。按此趋势发展,预计到2025年市场规模将突破4000亿欧元。2019

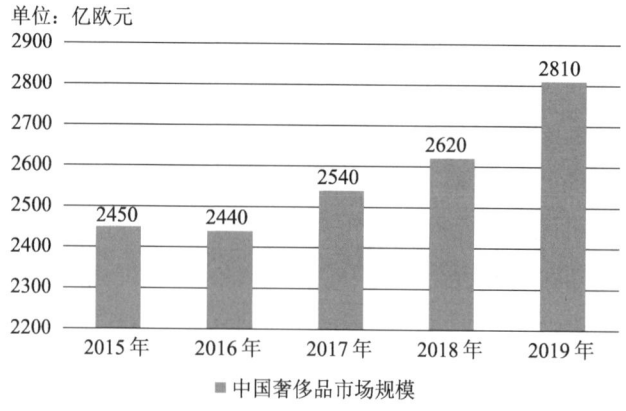

图3-1 2015—2019年中国奢侈品市场规模(由公开资料整理)

年全球奢侈品市场整体销售额(包含奢侈品及奢侈体验)增长4%(按恒定汇率计算),达1.3万亿欧元。其中,作为核心部分的个人奢侈品市场也增长4%(按恒定汇率计算),达2810亿欧元。2019年中国籍消费者占据全球个人奢侈品消费总额的35%,较2018年上升2个百分点(图3-2)。

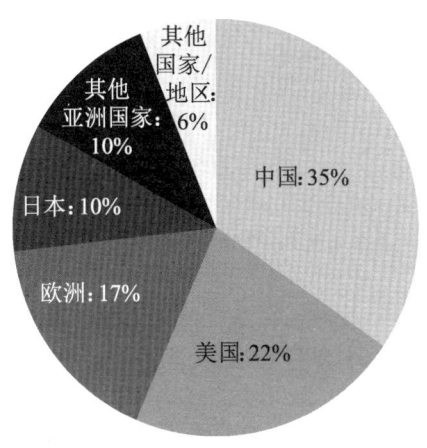

图3-2 2019年全球个人奢侈品消费分布(由公开资料整理)

此外,由于中国有利的政策加上国内外差价缩小进一步刺激了中国奢侈品市场本土消费的增长,2019年中国奢侈品市场整体销售额增长26%。而这一增长直接带动了全球奢侈品市场的发展,2019年中国籍消费者对全球个人奢侈品市场持续性增长的贡献率达到90%。从图3-3可以看出,"八零后"逐渐成为未来奢侈品的主力军。

从奢侈品的发展历史可以看出,奢侈品的重心从欧洲到日本再到中国,都是随着新兴经济的发展而转移,一方面可以体现出奢侈品对于经济的起落有比较高的敏感度,另一方面也可以反映出奢侈品的一个特性,就是"非必需品"。一旦经济衰退或者大萧条,奢侈品行业就会受挫严重,毕竟当生存存在一定困难时,人们往往会舍弃意义价值大于实用价值的商品。也正因此,到了21世纪,奢侈品行业也不再仅限于为高端客户服务,而是逐渐"平民化"。

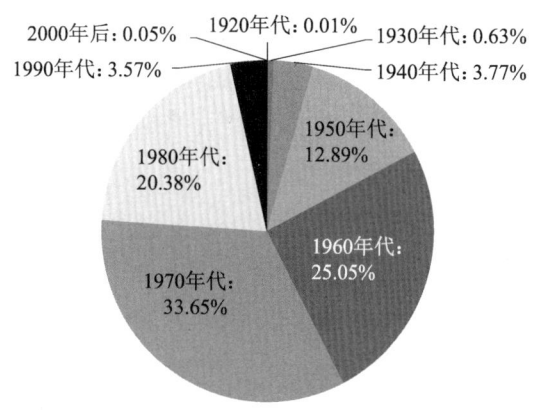

图 3-3 按照年龄占比的中国财富结构分布(由公开资料整理)

3.1.3 中国奢侈品市场与消费者现状

随着中国经济的快速增长,中国消费者的习惯发生了明显的变化。根据腾讯广告与波士顿咨询公司(The Boston Consulting Group)在戛纳国际创意节(The Cannes Lions International Festival of Creativity)上共同发布的《2019 中国奢侈品消费者数字行为报告》,日趋成熟的中国奢侈品市场的优先事项正在迅速发生变化,中国消费者主要有以下几点明确的变化。

1. 中国奢侈品消费者以女性居多

女性成为奢侈品消费者中的主体。越来越多工作中的女性通过个人购买表达个性,并越来越多地在生活方式和体验式消费上花钱。2018年,中国奢侈品消费者中女性消费者占大约70%,而男性消费者仅占大约30%(图 3-4)。

2. "八零后"和"九零后"成为中国奢侈品购买主力军

"中国奢侈品消费者已经比欧美(平均年龄为33 岁)年轻了",年轻的"千禧一代"(Millennials,也

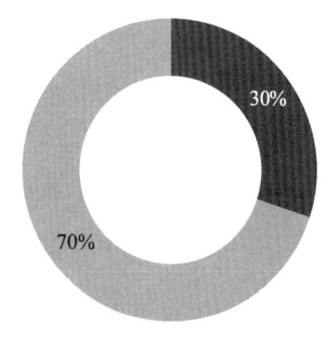

图 3-4 2018 年中国奢侈品消费者性别比例(由公开资料整理)

称"Y世代",泛指1980—1995年间出生的人)是受过良好教育的游客和精通科技的消费者,他们有着不同的品位和消费习惯,并在奢侈品市场中占主导地位。中国奢侈品消费者中,26~30岁和31~35岁消费者占比最高,其次是18~25岁的消费者。奢侈品消费体现出年轻化的趋势,30岁以下消费者占据消费者总数的48%,而年龄较长的中老年人则对奢侈品没有表现出浓厚兴趣。如图3-5所示。

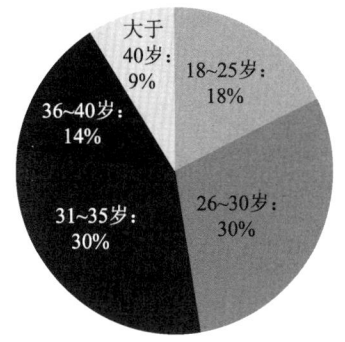
图3-5　2018年中国奢侈品消费者年龄比例
（由公开资料整理）

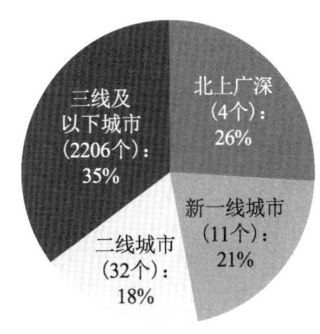
图3-6　2018年中国奢侈品消费者地区分布情况
（由公开资料整理）

3. 二线及以上城市成为奢侈品购买主力军

中国奢侈品消费者大多来自北京、上海、广州、深圳以及11个新一线城市和32个二线城市,以上47个城市的奢侈品消费者占据中国奢侈品消费总数的65%,说明中国奢侈品消费者多集中在经济较为发达的地区(图3-6)。一方面,一二线城市对于时尚潮流的敏感度也相对更高;另一方面,经济较为发达地区薪资较高,人们有多余资金购买奢侈品。

4. 中国奢侈品社交化

2018年中国消费者受线上相关信息吸引较多。其中,社交内容客流达24%;品牌官网、品牌广告、第三方电商吸引的客流量占22%;而线下营销吸引了10%的客流量,说明各奢侈品品牌线下营销也具有一定成效。

5. 消费者多线上研究线下购买

中国电商平台的兴起拉动了中国线上消费,但是对于奢侈品市场而言,中国奢侈品消费者依旧更青睐于线下购买,选择线下购买奢侈品的中国消费者占据奢侈品消费者总数的88%,接近9成。此外,相比线下体验,中国大部分奢侈品消费者更愿意事先通过线上平台挑选喜欢的商品,再去实体店购买。如图3-7、图3-8所示。

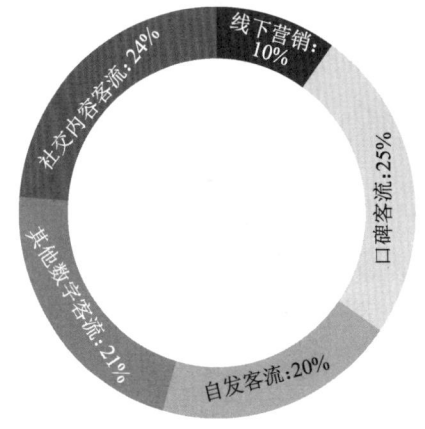

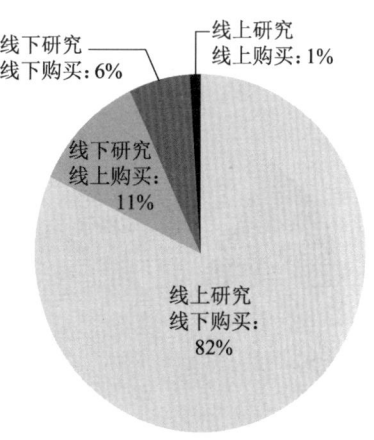

图3-7　2018年中国奢侈品消费者关注比例（由公开资料整理）

图3-8　2018年中国奢侈品购买渠道分布情况(由公开资料整理)

根据克劳迪娅·达皮齐奥（Claudia D'Arpizio）和费德丽卡·莱瓦托（Federica Levato）合著的《中国和中国消费者之于全球奢侈品市场》(*China and Chinese Customers in the Global Luxury Goods Market*），消费者习惯发生变化的主要原因有三点：①奢侈品的过度营销与市场的过度开发。过去十几年间国外奢侈品品牌纷纷投资中国市场,并开设了众多专卖商店,一方面使得国内消费者对于奢侈品已经熟视无睹,不再好奇,另一方面也使得市场过度饱和,商品种类繁多,消费者眼光更挑剔更年轻化。②数字和移动技术的普及。中国拥有世界上最先进的零售电子商务市场,手机购买模式已经是人们购物的主要方式,78%的消费者通过在线网络或App获取相关的奢侈品信息。就消费人群而言,成熟的消费者通常会选择去实体店或商场购物,他们相信"触感"不可取代,相信"眼见不一定为实"。相反,年轻一代消费者在网络上搜索奢侈品的具体信息,根据博主或者已购人员的评价去选购商品。③转向体验型消费。随着经济与市场的成熟和领先,中国消费者已经不满足于简单的奢侈品物质消费了,而是趋向于体验型消费,如高端旅游。此外,由于国内外差价的降低,消费者也不再是以国外消费为主。

无论是在国内还是国外，中国消费者现在都选择了低调的优雅。贝恩资本的研究认为，这是中国消费者进化的自然产物。杂食性消费者是中国的原始集群，这个群体会购买所有的经典奢华品牌。现在，这个集群正在改变，他们更加注重设计，总体上对奢侈品消费不那么疯狂，而那些喜爱经典奢侈品品牌的消费者更倾向于购买其他品牌和其他类别（如豪华体验、艺术品），这个区别还可延伸到旅行目的地和豪华酒店。

3.2 中国新奢侈品本土品牌概念的提出——放大的奢侈品

3.2.1 中国新奢侈品的概念和定义

传统奢侈品关注产品的属性、质量和外观，对奢侈品的诉求主要源于社会地位和声望。新奢侈则是从消费者的角度定义的，更多注重的是他们购买的产品和服务所能带来的奢侈体验，而不再强调拥有和所有权本身。因此，新奢侈是从消费者的角度来审视，是奢侈的体验，而非传统奢侈品所带来的社会地位和威望。由此，本书提出中国新奢侈品本土品牌培育概念，即我们身边很多产品都可以是奢侈品，尤其是中国本土的传统产品，包括日常消费品和工业品，都可以培育成中国新奢侈品本土品牌。也就是说，中国培育新奢侈品品牌囊括国内多个行业，包括在华跨国企业涉足国内的相关行业。同时，中国新奢侈品本土品牌的重要特点在其品质承诺和情感介入，将品牌作为消费者某种精神寄托，消费行为主要用以满足心理与精神需求。

中国新奢侈品是物质和文化的综合体，不是一个可以独立理解的概念。一切皆可为奢侈品，新奢侈品的范围涵盖很广，不再是特定的服装服饰等传统行业，而是涉及生活、旅游、艺术等各个领域，即任一个领域任一产品都有可能是新奢侈品。新奢侈品是紧跟时代潮流，包含当代消费者对美的需求以及蕴含精神和文化内涵的物质与非物质商品，主要目标客户是具有高端消费能力的群众，追求高端质量与高端服务。

如果把奢侈品概念进一步放大，那么衣食住行都存在"奢侈品"。例如：香港著名的 5000 港元一碗的蛋炒饭，对于一般的家庭来说便是奢侈品。这碗蛋炒饭是由香港金牌食神餐饮管理有限公司董事长戴龙所创，而他是周星驰导演影片《食神》的原型，也是香港回归当晚的国宴行政总厨。澳门赌王曾花 5000 港元，只为品尝一碗戴龙亲手做的炒饭。很多人也许会疑惑这碗蛋炒饭是否物有所值，但事实上这碗炒饭的每一勺都是由戴龙精心炒制而成的。戴龙做这盘炒饭不是简单地将食材煮熟，而是将自己当作工匠，将炒饭当作一件工艺品去完成。从材料的挑选到下厨，每一个步骤都是精心去做的。大米从美国进口，洗米水是法国矿泉水，再配上早上刚产下来的鸡蛋来炒，每一种食材都是他精心挑选并且是最合适的，最后加上他研发的独家调味品，一碗炒饭色香味俱全。可见并不是贵即是奢侈品，而是一件商品是否蕴含工匠精神和文化内涵等难以复制的非物质特质。奢侈品不仅局限于某一行业，任何具备相关精神与文化内涵的物质或非物质产品，都可作为奢侈品。

中国新奢侈品是一种用智慧和知识创造出的奢侈，不仅仅是西方传统奢侈品概念中限量、高品质、高价格的包包、皮鞋、豪车等，而是在高端质量与文化内涵基础上给人高品质体验的大众商品，不再通过限量或是高价格拉开与消费者的距离，更多的是为了提升消费者的生活方式与生活品质。尤其是改革开放四十多年后的中国和中国制造，伴随国家经济飞速发展，居民收入不断提高，消费者需求从低价格到高品质的转变，我们完全可以摆脱 18 世纪欧洲文化的误导阴影，重新找回我国"奢侈"文化的民族自信。

总之，奢侈品概念可以放大，进一步包容，既可以是包含稀奇、独特、品位、尊贵等抽象情感的商品，又可以满足人们特定的心理需求，如个性化、尊贵性、身份的象征等心理诉求。与普通商品不同的是，我们所要面对的奢侈品，更多的是立足当下中国制造的本土情景，不是简单的"稀有"二字可以概括的，而是具有高精神价值，可以满足消费者需求，具有中国特色、中国文化内涵的商品，也正因此，本土品牌才具有旺盛的生命力与品牌价值。

3.2.2 中国新奢侈品与西方传统奢侈品、轻奢侈品、精品的区别

那么，中国新奢侈品和一直以来中国本土企业转型升级突出的"精品"以及轻

奢侈品概念有何区别？著名市场营销学家菲利普·科特勒(Philip Kotler)把消费者的需要大致分为三个阶段：第一阶段是"量的满足时代"，第二阶段则是"质的满足时代"，第三阶段就是"情感满足的时代"。在我国20世纪90年代末出现的"精品"概念，更多体现在"量的满足跨越到质的满足"。精品比普通产品定价要高，也是走高端的市场策略。其实，中国新奢侈品和精品最大的区别就是双方争夺的市场和目标客户群不一样。精品争夺的还是原来的市场和原来的客户，只是寄希望原来的市场和客户与本企业一起"同步"升级。而中国新奢侈品则完全不是原来的市场和原来的客户，新奢侈品是一种颠覆性创新思路，重新开辟新市场和新客户，甚至是与在华跨国企业面对同一市场和同一客户群体。

当然，精品的含义是精益求精，精益求精的产品和服务。也就是说我们这个类型的产品和服务，它是高质量的，同时是高附加值的，但其存在的前提是可以应用在衣食住行各个产业种类中，所以这个是跟我们目前中国的制造业企业转型升级、高质量发展息息相关的，本质上都是一回事。

精品和本书提出的中国新奢侈品，概念基本一致。中国历史悠久，"奢侈"两个字在历朝历代的文献中和老百姓的认知中都是一个比较强烈的贬义词。所以很多时候，会有人用精品这个概念来替代奢侈品，规避先入为主的负面观念。本书还是坚持使用"中国新奢侈品"这个词。一方面，是从放大的奢侈品视角考虑的，如我国工业领域衣食住行的解决方案，包括高精尖制造业和服务业等，都能涌现出中国的新奢侈品品牌；另一方面，中国新奢侈品背后的专注、极致等内涵，是精品不能替代的。

同时还得区分一个词，就是"轻奢"，即买得起的奢侈品。轻奢的概念来自服装界，时尚买手不一定是百万富翁，但往往拥有出色的鉴赏品位，他们不会一掷千金买暴发户眼中的大牌，但会挑选高端购物中心里出现的小众、设计感又不逊于大牌的不俗衣物。"轻奢"这个概念可以被理解为现代人的生活态度，生活可以平凡，但绝不能甘于平淡。不将就的审美眼光才是生活需要的，例如：成立于1993年的缪缪(MIU MIU)，率性且充满实验风格，与普拉达(PRADA)是同一设计理念但表达方式不同，注重优雅精致且不乏趣味，将女性气质发挥到极致。每一款新品上市的背后，透露着研发团队对于美的严苛要求，以及对人性化细节的考虑。

生活不是和时间的一场赛跑,人们理应关注生活本质。轻奢不仅体现在所购商品的价值,它还能体现出一种生活方式。如今人们在饭桌上不再关注食物是否昂贵,而是是否新鲜,如果能亲手培育出新鲜蔬菜,也是轻奢的生活态度。

那中国培育的本土新奢侈品与传统奢侈品又有何种不同?品牌+产品又是否等于中国新奢侈品呢?新奢侈品不是简单的品牌+产品,也不是再加上其他如文化内涵、审美等就是新奢侈品了。首先,中国新奢侈品是在精品基础上的进一步发展,是人们物质与精神需求统一反馈的商品,在商品质量进一步发展的基础下,为了满足消费者精神需求的进一步发展与创新。其次,中国新奢侈品也不是西方传统奢侈品,是人们对西方传统奢侈品追求的本土化,不再是局限于限量或满足自身虚荣心和优越感,更多的是一种生活态度和生活方式的追求。进一步区分中国新奢侈品、西方传统奢侈品、精品与普通产品,界定四者概念关系,如表3-3所示。

表3-3 中国本土新奢侈品与普通产品、精品、西方传统奢侈品的区别

	普通产品	精品	西方传统奢侈品	中国本土新奢侈品
价格	低端区间	中低端	高端	中高端
定位	低端区间	中低端	高端	高端
定位思想	成本定价	从下往上攀升	定位高端	定位高端(从上到下)
创新方式	正常改进	渐进创新	渐近创新	颠覆性创新
比较方式	自我比较	本土企业比较	全球化视野比较	全球化视野比较
关注	关注产品	关注产品和品牌	关注品牌和意义	关注品牌与情感
目标客户	大众	大众	收入中高人群	大众
文化内涵	一般	一般	突出	突出

同样,国际品牌不等于中国本土新奢侈品品牌,国际品牌概念也不能取代新奢侈品品牌。受当下国际新冠疫情的影响,传统零售业遭受到巨大的打击,尤其是大众消费品品牌,如ZARA(飒拉)、H&M(海恩斯莫里斯)等。由于人员流动受到限制和公共娱乐场所关闭,导致大量门店缺少客流量,无法持续经营下去,最终只能大规模关店。

当然，一线奢侈品品牌并不是在所有地方都开店，而是一定要达到奢侈品开店的标准，如在核心商圈当中选择最优的位置，包括从环境、人群消费能力等方方面面来综合考虑。中国新奢侈品本土品牌培育，不仅仅是针对大众的消费品，而且建立在人流和人口密集的基础之上。

3.2.3 中国新奢侈品的特征

奢侈品无论是"传统奢侈品"还是"中国新奢侈品"，都与"外来"或"本土"无关，都是泛指全球范围内的，而非某一区域。本书提出"中国新奢侈品本土品牌培育"概念，仅仅是在国内消费升级背景下，期盼找到国内企业转型升级的一个方向。

中国新奢侈品本土品牌培育的特点如下。

其一，放大传统西方"奢侈品"概念和范围，包括突破"非必需品"的传统局限，针对本土传统产品，包括围绕衣食住行等的日常消费品和工业品，囊括目前国内各个行业的传统制造范围。

其二，中国新奢侈品虽属于放大的奢侈品，但同样是具有高质量、高附加价值以及精良工艺的产品，从而一方面聚焦在中国制造，另一方面又有奢侈品一贯的高品质、精良等内涵。

其三，中国新奢侈品包括丰富的产品和品牌文化价值、情感价值，从而共同构建强势的消费者与品牌关系。

其四，中国新奢侈品本土品牌又有"新"的含义，尤其是定价定位于传统高端奢侈品品牌与中档品牌之间，但品牌价值与溢价能力与传统奢侈品接近，从而让部分中国制造从传统"低端"的印象中，试图提升到中高端——甚至新奢侈品，也不是没有可能。

其五，与传统奢侈品品牌不同，中国新奢侈品本土品牌的受众不是高消费或富裕群体，其目标客户主要为中产阶层，且同样享有客户对品牌的高美誉度和顾客忠诚度。

其六，中国新奢侈品本土品牌培育，最明显的特征是"平民化"，弱化了传统奢侈品"少数人拥有"的特征，既能满足消费者的物质需求，同时满足消费者的精神需求。

放大的奢侈品概念，从这个视角看，当然不仅仅是制造业，甚至也可以是农业、是服务业。一切只要是围绕消费者，跳出过去简单的功能满足，并糅合"奢侈品"的专注、极致等基因进来，赋予转型升级和高质量发展的内涵，就都可以称为中国本土新奢侈品。当然，为避免外延太大，本书暂时聚焦在中国传统制造业上。总之，中国本土新奢侈品也和奢侈品一样，一般要从价值观与生活方式出发打造，放大的奢侈品或者中国本土新奢侈品力图延伸到顾客的衣食住行，如小米（MI）从手机延伸到空调、电视。当然，跨品类具有潜在风险，尤其是突破心理边界，基于消费者对中国制造的认知，这也是提出中国新奢侈品本土品牌培育的初衷。

3.3 中国新奢侈品本土品牌培育与中国制造业转型升级融合

3.3.1 中国本土制造业转型升级问题

改革开放四十多年以来，传统制造业经过第一阶段的迅速发展之后出现了局限性，加上数字赋能技术的不断创新，传统制造业的发展出现颓势。本土制造业实现可持续发展并且成功转型融入新的经济发展模式中是一个急需解决的难题。我国社会经济从短缺到富裕，消费方式、消费结构等均发生了巨大变化，可以说制造业转型已经到了关键点，十字路口走对了就是捷径，发展速度能跟上经济的发展，但若是走错了则可能导致企业的破产。因此，转型升级已经上升到了国家战略层面。

此外，伴随人类社会进入数字时代，新一代的信息技术与产品、服务的出现，超越了人们的想象与传统的管理理论边界，层出不穷的技术与产品在开阔我们视野的同时，也极大地改变了社会的经济发展与消费结构，尤其是数字技术带来的改变，可以说是翻天覆地，新技术、新产品、新服务的创新，极大地扩张了传统意义上产品与服务的创新功能、意义和内涵，并给产品生产、使用和消费过程带来社会性影响。可以说，数字技术开拓了一个新的时代、新的市场、新的品牌发展平台与方向。

与之对应的是,全球制造业的格局在数字技术的发展下纷纷重新洗牌。美国开始重振制造业,法国、西班牙等欧洲国家实施"再工业化战略",争取抢占高端制造领域。德国给出了"工业 4.0"蓝图,以期改变并扭转制造业的颓势。同时,伴随现代化大工业生产的发展,工业设计越来越成为工业产品生产、加工、销售等环节中不可或缺的一个核心环节。设计作为一种紧密联系生产、消费、文化以及用户体验的核心整合手段,更是在当今变化中凸显出来。尤其是大多数全球创新领先公司日趋重视基于设计的创新,将其作为企业主要的竞争战略,设计逐渐成为重要的战略方针。当然,我国大多数传统制造企业,更多是采用市场拉动型创新战略模式和技术驱动型创新战略模式,很少有设计驱动创新战略模式。可以预见,未来设计驱动创新模式和数字赋能技术会有巨大的机遇和发展空间。在数字赋能背景下,如今发展正热的互联网、人工智能、大数据等新兴技术迟早不再是重点突破的技术问题,而本土制造业又该如何突破束缚与瓶颈,搭上新兴技术的顺风车,实现从低端生产到高端技术的转型升级呢?

3.3.2　中国新奢侈品与制造业融合

倘若我们将制造业看作新兴的奢侈品,汲取中国新奢侈品的内涵与精神,则可通过设计驱动和数字赋能来帮助本土制造业升级,从而为本土制造业提供一条新的发展道路,并且为本土传统制造企业实施新兴制造转型和赶超策略提供理论分析和实践指导。

例如:华为手机前几年推出的新款 HUAWEI Mate 8 就是创新设计的代表,功能与外表双创新。这款手机的外表是用航空级铝金属打造的,正反面用高光切边既保证了机身的坚固又使得机身线条优美,此外,还增加了指纹识别、指向性免提、全向录音等功能,在增加这些对于当时而言算很新的功能的同时,也将整个手机的设计包括外表设计、页面设计等都做了很大的改进,做到了功能、设计的双向创新,在兼顾实用性的同时,不忘记美的享受。简简单单的一部手机,其实反映出的便是如今手机制造业中的一个广泛的现象,拥有中国新奢侈品的内涵与精神,即不仅高质量、设计新颖,而且能代表公司的核心思想,并且给消费者物质与精神的双重"奢侈"体验。现如今，不仅是手机制造者，但凡是想让企业走得长远的品牌人，都会在考虑实用性的同时兼顾设计。

3.3.3 新冠疫情下中国新奢侈品本土品牌培育的急迫与未来前景

1. 新冠疫情凸显中国新奢侈品本土品牌培育的急迫

过去四十年来，由于中国人口众多，巨大的人口红利使得沿海地区制造业对低价劳动力养成了路径依赖，导致传统制造企业一直不重视技术升级和制造工人的培养，进而造成了产业转型难这一更深层次的困境。虽然这些年来，中国制造的产业转型升级取得了一定的成效，但在东南沿海地区，低端产业依然大量存在。尽管工资相比过去有所提高，但这些低端产业技术附加值依然有限，尽管用工量大，但工资依然缺乏竞争力，最终难以吸引年轻人去工厂。

同时，移动互联网技术推动了电商、快递、本地服务业迅猛发展，也吸引大量年轻劳动力流向服务业，即外卖、快递、网约车等行业用工量大幅增加，送快递等服务业时间自由、活动自由，也相对更有保障，年轻人更不愿意前往企业做生产线工人（指流水线工人，泛指专门从事一些重复简单、时间固定的工作的人）。尤其伴随着互联网成长起来的"九零后"，不再满足于像父辈那样，为了微薄的收入，每天十几个小时守在流水线面前，从事劳动力密集型产业。

当下，在新冠疫情的影响下，中国制造业"用工荒"的问题更为显著。随意在网页上输入"用工荒"三个字，隔着屏幕，都能感受到整个2020年制造业之艰难。在这样的背景下，中国制造业又该如何应对？

一方面，智能制造或机器替代和减少了生产线工人的需求。全球制造业正经历数字化转型，进而迈向数据驱动的工业4.0时代。随着"中国制造2025"和"新基建"的进一步推进，越来越多传统制造业将转型为智能制造、智慧工厂，绝大部分生产将由计算机、人工智能等控制，大量流程化、机械化的工作环节和岗位也将被机器所替代。

另一方面，也完全可以加快中国本土新奢侈品品牌培育来推进制造业转型升级与高质量发展。中国本土新奢侈品品牌培育，核心就是高质量发展，深层含义就是改变我们过去产品使用消耗的频率，不再是简单的"快消品"，而是有"精品"

意识(也可以说是"节约或节能"意识)。中国本土新奢侈品品牌培育,就是从不同路径来助推中国低端制造业的改变。

2. 中国新奢侈品本土品牌培育的未来前景

在2020年新冠疫情之下,人们足不出户,奢侈品实体店门可罗雀。中国消费者一直是奢侈品购买的主力军。投资管理公司伯恩斯坦(Bernstein)发布的数据显示,2019年中国消费者的消费额约占全球奢侈品销售增长的90%。欧洲投资银行(European Investment Bank)预计,随着新冠疫情的扩散,全球奢侈品销售额将在2020年第一季度平均下降8%,其中被视为核心动力的中国市场将大跌40%。根据贝恩资本的数据,全球超过三分之一的奢侈品销售额来自中国,中国消费者占2019年奢侈品市场的90%。自从新冠疫情爆发后,奢侈品集团股票一直在暴跌。时装品牌尤其是奢侈品公司,一直在调整各季度甚至全年的财务预测,并都发布了盈利预警。

2020年2月14日,范思哲(VERSACE)和周仰杰(JIMMY CHOO)的所有者卡普里控股有限公司(Capri Holdings Limited)表示,受新冠疫情影响,2020年的收入将减少1亿美元。巴宝莉(BURBERRY)、拉尔夫·劳伦(RALPH LAUREN)和蔻驰(COACH)的母公司Tapestry集团也表示:"鉴于目前中国市场的趋势,我们预计下半年业绩将受到2亿~2.5亿美元的影响。"

通过数据我们可以发现,中国新奢侈品拥有很大的市场与机会以及消费者基础。此外,国外大部分奢侈品在新冠疫情期间为了提高销量与增加客户黏性都加速了线上线下商城融合模式。中国新奢侈品其实一开始就可以走这条路,毕竟无论是商品主销售平台如天猫(TMALL)、京东(JD)和拼多多(PDD)等,还是营销主平台如小红书(Red)、抖音(TikTok)和B站(bilibili)等,都相当成熟,这对于新奢侈品的品牌宣传与销售来讲都是优势所在。可以看出,中国新奢侈品与制造业不仅可以互相结合,增大竞争优势,同时可以借助国内各大平台与政策加速发展,赶超国外各大品牌也只是时间问题。正如如今的5G,中国属于领先地位,但放眼几十年前,2G没有中国的份额,3G/4G也只是在赶超他国,可以说市场不是一成不变的,只要敢于创新,找准方法,敢于去做,往往能得到令人意想不到的结果。

3.4 中国新奢侈品本土品牌培育：中国制造高质量发展必由之路

3.4.1 中国新奢侈品本土品牌培育的必需性

凯度消费者指数(Kantar Worldpanel)发布的《2017 全球品牌足迹报告》(*Kantar Worldpanel Brand Footprint 2017*)涵盖了全球73%的人口、10亿多家庭，覆盖了全球43个国家与地区、15000个品牌、200个品类，以消费者触及数(CRP,Consumer Reach Point)为测量指标，总结出了全球各品牌的渗透率和消费频率，显示出消费者的真实需求与选择。

根据这份报告，可口可乐(Coca-Cola，美国)仍然是世界消费者中最受青睐的品牌，连续第五年名列第一，达到全球渗透率的42%。然而，中国品牌并未进入前50名，报告指出了过去一年中国品牌的总体情况。一些地区的消费者信任变化很快，超出了一些品牌的承受能力。随着中国经济水平的发展，越来越多的人认为健康胜于金钱。对高端和高质量产品的需求也有助于品牌的发展。

中国大多数奢侈品消费群体来自中产阶层，但中国中产阶层是一个快速增长的群体。根据中国社会科学院2010年的一项研究，中国已经进入中产阶层增长的黄金时代，中产阶层达到全国人口的23%左右，即大约3亿人，中产阶层正以每年1个百分点的速度增长。中产阶层的扩大也是发展的必然。一方面，全面建成小康社会的目标就意味着培育一个庞大的中产阶层；另一方面，目前我国中产阶层的发展面临着比重过低、中产阶层在收入分配中所处位置不稳定、升力不足等诸多困境，扩大中产阶层必须多措并举、迎难而上。

此外，奢侈品对中国经济未来发展有重要意义，不仅仅是决定国家转型升级，也可以说是未来战略新兴产业的潜在可能。毕竟，未来是由消费者趋势来把握，且从全球奢侈品市场来看，中国奢侈品消费能力已经大幅超过美国、欧洲等发达国家和地区，排名全球第一。2018年中国奢侈品消费总额，约占全球奢侈品消费总额的33%，美国和欧洲分别占22%和18%。

虽然中国奢侈品消费总额已经达到850亿欧元，占到全球的33%，但是从消费地来看，中国奢侈品消费者主要在国外购买奢侈品。2018年中国消费者在国外的奢侈品消费比例为73%，近年中国奢侈品国内消费占比呈现回升的趋势，如图3-9所示。

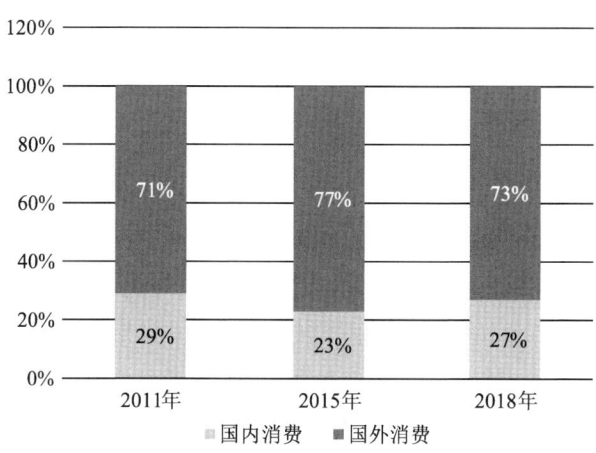

图3-9　2011—2018年中国奢侈品消费地区占比分布（由公开资料整理）

而目前在中国的奢侈品消费中，种类并不多，大多数都集中在个人物品上，如衣服、香水和名表，这是因为人们迫切需要的是社会等级身份。有形商品有"可见的价值"，因此作为可以发挥可见作用的媒介，成为消费者的优先消费对象，无形的服务产品往往因为"无形"而暂时被留下。中国有自己的奢侈品，但没有自己的奢侈品品牌。中国仍是全球最大的大宗商品供应基地，中国企业不缺生产优势或质量优势。目前，本土企业长期在低端代工环节，处于"微笑曲线"的低端。代工利润不及品牌商利润的10%，更不要和奢侈品比较。对本土企业来说，未来可供选择的道路只有三条：要么继续做代工，勉强维持；要么不做，慢慢"死掉"；当然，第三条道路，就是考虑转型升级和高端突破，走中国新奢侈品本土品牌培育路径。

而奢侈品，实质是一种品位和内涵，是产品核心精神的外延。中国是文化大国，未来也要是文化强国。针对我们的产品、我们的品牌，我们要逐步走进和重视本土奢侈品培育，这完全是必须的，也是可行的。最关键的是，本土企业应该重新审视自己承担的领导责任和品牌责任,中国不能没有自己的新奢侈品本土品牌。

3.4.2 中国新奢侈品本土品牌培育的切实性

中国改革开放以来,消费领域发生了巨大的变化,人们的消费理念和消费水平日益提高,正如美国学者黛博拉·戴维斯(Deborah Davis,2003)所说,随着中国社会发生"第二次革命",即消费革命,人们实现了从满足生存需求的必需品消费到耐用消费品消费的时代。与此同时,中国大部分消费者的消费能力得到了一个前所未有的提高,人们更加重视产品的质量,更加重视精神追求和消费者体验的满足,消费品的种类越来越多,消费档次也越来越高。

从中国内地奢侈品消费额来看,近两年中国内地奢侈品消费额增长迅速,2017年、2018年中国内地奢侈品消费额增速均在20%左右。2017年中国内地奢侈品消费额为1420亿元,同比增长21.4%;2018年中国内地奢侈品消费额为1700亿元,同比增长19.7%。如图3-10所示。

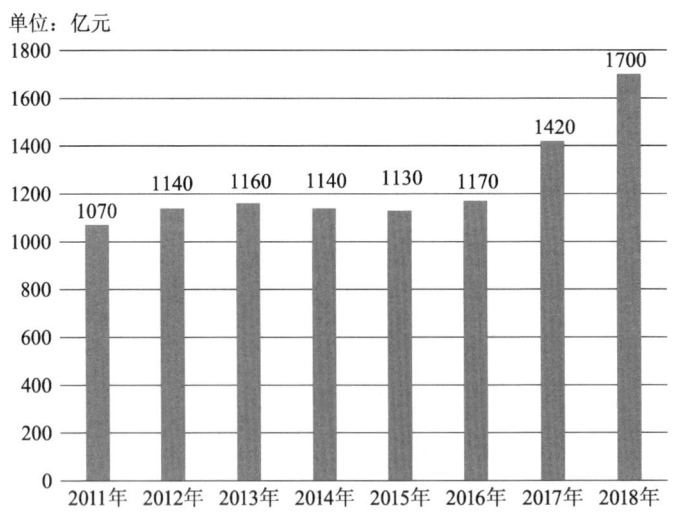

图3-10　2011—2018年中国内地奢侈品消费额统计(由公开资料整理)

可见,我国培育本土奢侈品品牌有一定的消费者基础,且随着消费眼光的变化,国人也是更趋向于中国化元素的设计品牌,加上中国的影响力越来越大,国内外品牌都很看重中国市场,以"中国红"为代表的红色营销每次逢年过节都要上演一出,因此很多奢侈品品牌都在争先效仿和运用中国风。例如:在古驰 SS17 秀场中,不仅有之前频繁出现的龙、虎、蛇等元素,还新加入了许多其他中国古典元素,体现了品牌的独具匠心。

同时,众多中国品牌企业通过前三十年的发展,已经冒出一批成熟的企业,它们已经解决了企业的生存问题,未来肯定会把增值点放在品牌建设上。此外,中国奢侈品也是有历史经脉的。计划经济时代家喻户晓的永久(FOREVER)、凤凰(PHOENIX)就是当时名副其实的奢侈品。这两款 20 世纪 70 年代上海产的自行车,是当时全国人民心中的"豪车"。可以看出,中国培育新奢侈品本土品牌不管是经济基础还是历史、文化底蕴都是足够的,完全是可行的。

其实不仅是因为 2020 年突如其来的新冠疫情,很多奢侈品品牌的发展在早先就持续走低了。例如:普拉达 2015 财报上显示,2015 年 12 个月营业收入 35.48 亿欧元,按固定汇率计算,减少 7.7%,集团纯利润相比 2014 财年大幅下滑了 26.6%,仅为 3.3 亿欧元。不仅普拉达销量持续走低,很多奢侈品品牌均有相同情况,主要原因不单单是产品质量问题,还有国外奢侈品品牌在中国市场的饱和导致消费者新鲜感下降、可选择多,此外更重要的是一些奢侈品品牌跟不上互联网的发展,没有为应对新的消费方式做出改变。

当前,主要有三个原因阻碍奢侈品行业的发展:①奢侈品传统的单一产品打造方式,千篇一律的商品,让消费者失去新鲜感;②歧视性的定价措施,在中国买国外品牌的奢侈品价格往往比在其他国家高,这纵然有关税的原因,但更关键的是定价问题,导致很多消费者不满;③缺少用户互动,设计师固守本家设计风格,不肯本土化或加入本土元素也是一个很大的问题,不同国家的审美也正导致消费者无法理解其设计的美。这一方面是一个很大的挑战,对于中国新奢侈品本土品牌培育也是一个很大的机遇。

3.4.3 小结

改革开放四十多年来,我国参与全球产品内分工的战略环境发生了重大的变化。众所周知,在全球产品内分工中发挥比较优势,以劳动密集型产业嵌入跨国企业主导的全球价值链,处于全球产品内分工的底部环节,一直以来是我国参与上一轮全球化的最佳选择。当前，以经济效率为导向的全球产品内分工原则，受到来自逆全球化趋势和新冠疫情的重大冲击。中美贸易摩擦及其后续的一系列冲突证明，在现有的全球产品内分工秩序下，来自上游企业的技术实力决定了一个国家的产业竞争力。越是处于上游的产业，越缺少替代厂商，在发生贸易摩擦情况时，对下游厂家的杀伤力越大。为此，必须找到新的路径加快本土制造业的转型升级与高质量发展。当前，主张以国内大循环为主体、国内国际双循环的体系，对于打造制造业强国是一个特别好的机会，因为要摆脱产业链卡脖子问题，就要倒逼我们加大自主创新，静下心来踏踏实实地做基础研发和培养工匠精神。制定有利于中国新奢侈品本土品牌培育和制造业强国发展的法律和加大营商环境建设，让市场机制调动最广泛的资源和积极性，包括改善国内外环境，对外继续保持开放融入的态度，让中国制造业继续融入国际分工体系。

总之，40多年前的改革开放来自思想大解放，现在进行更深层次的改革，需要新的思想大解放。面对新的形势，对过去已形成定式的惯性思维要进行一次大的转变。中国新奢侈品本土品牌培育也需要思想大解放，无论是对供给侧还是对需求侧，都要有重新认识。

· 第 4 章 ·

中国新奢侈品：本土品牌培育的内涵与机理

4.1　中国新奢侈品本土品牌的消费动机和消费特征

4.2　中国新奢侈品：本土品牌培育与趋优消费

4.3　中国培育新奢侈品本土品牌的定位：从品牌到新奢侈品品牌

4.4　中国培育新奢侈品本土品牌的颠覆性创新

4.1 中国新奢侈品本土品牌的消费动机和消费特征

4.1.1 奢侈品消费发展阶段

奢侈品是属于非必需商品,其精神价值大于物质价值,但又是历史发展的必然产物,人们通常是先解决生存问题才会考虑此类产品。纵观历史可以发现,第一次产业革命主要是农业、畜牧业的变革,世界各国都建筑或改善了很多水利设施,或是出台了相关政策来大力发展农业生产力,目的就是为了最基本的需求——吃饱;第二次工业革命首先出现于纺织业,欧洲、北美大力发展棉花产业,加上航海贸易的盛行,让纺织业得到迅猛发展;第三次是工业时代的改革,汽车、飞机、铁路的出现大大地解决了人们的出行问题,"日行千里"不再是神话故事,而是真实存在的;第四次则是信息工业,互联网、手机、电脑的普及让全世界的沟通变得方便快捷,经济贸易也随之焕发新一轮的繁荣,而且每一阶段的奢侈品种类都有相应的变化。如表4-1所示。

表4-1 历史产业革命与人类需求

历次产业革命	主要产业	成效	满足人类主要需求
第一次	农业、畜牧业	尼罗河水库、两岸流域灌溉系统、井田制,都江堰、郑国渠、大运河等农业制度与基础设施,利于农业生产	吃饱
第二次	纺织、服装业	北美、印度的棉花+英国的纺织厂+世界范围的航海贸易,棉纺业生产效率大大提高	穿暖
第三次	电气化、汽车工业、重化工	发电厂+电网+铁路网+公路网,电气站+汽车+飞机航空,社会教育与保障体系	居住、出行
第四次	信息工业	卫星网、光纤网、互联网、电脑、手机等信息科技和设施完善,生活沟通更便捷;经济贸易全球化	社交

当人们解决了基本的吃饱、穿暖需求后,物质价值不再是唯一的关注点,人们会开始去关注商品的精神价值。奢侈品就是在这种情况下得到迅猛发展。

如图4-1所示,可以将中国的奢侈品消费发展分为三个阶段:经济起飞阶段、持续发展阶段和经济成熟阶段。其实就是我国经济的发展历程,可见奢侈品对于经济发展的敏感度之高。经济起飞阶段,人们尚处在追求吃饱、穿暖的阶段,对于奢侈品毫无概念与想法,更多的是关注每日三餐和四季冷暖。这个时候对于普通大众来讲,衣服食品才是"奢侈品"。随着经济的发展,国外奢侈品开始进驻中国,人们也开始了解这类商品,进入大众品牌的消费时代,但这期间消费者大部分属于富裕阶层,更多的也是由于虚荣心态去购买;随后,品牌开始觉醒,出现分化,人们呈现出一种初级痴迷,对奢侈品需求的程度并不会因其价格过高而放弃,相反,商品价格定得越高,越能受到消费者的青睐,即凡勃伦效应。持续发展阶段,人们对品牌有了一定的了解,也有了一定的消费执着性,偏爱某一品牌或某一类的奢侈品,且消费者范围不再是高级阶层,很多中产阶层也会去购买。经济成熟阶段,消费者年龄变小,属于新一代年轻人,从小生活在信息时代,大多对奢侈品有所了解,耳濡目染之下不再感到新奇,更多的是会理性消费,追求差异化与个性化,更多的是功能主导消费,即非炫耀性消费。

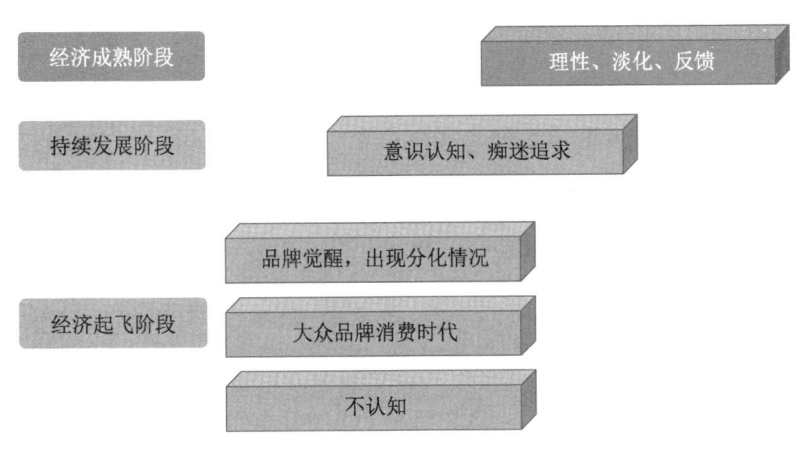

图4-1 奢侈品消费发展阶段

经济成熟阶段，人们的自我意识和内部群体观念变得越来越清晰，个人消费选择转向个性化和差异化，我们将更多地追求自我认同和内部群体认同，而不是为了获得社会成员的广泛认同。换句话说，消费者倾向于通过选择特定的产品来减少对他们自己和内部群体成员的敏感，并向外部群体成员展示他们的身份和地位。例如，拥有高消费能力和文化资本的精英更喜欢个性化和差异化，并获得集体共鸣和归属感，而不是炫耀消费奢侈品，以区别于中产阶层和普通大众。

奢侈品消费中的非炫耀性消费趋势与许多心理因素有关。认同品牌文化、归因群体和风险厌恶是消费者非炫耀性消费趋势的主要因素。政治、经济、文化和社会等环境因素的严重变化正在重塑人们的消费情绪和消费行为，消费者的自我概念、集体意识和生活方式也在不断变化。对于奢侈品消费者来说，奢侈品不再意味着卓越的名声、显著的标志和高昂的价格，而是代表着卓越的设计、卓越的材料、卓越的技术、悠久而精致的品牌文化和珍贵而优雅的生活方式。

4.1.2 奢侈品消费动机

对奢侈品消费动机的研究目的是探究人们为什么消费奢侈品，分为两个部分：西方传统奢侈品和中国奢侈品消费动机的研究。购买西方传统奢侈品的动机主要分为社会导向和个人导向动机两个方面。1899年由美国经济学巨匠、制度经济学鼻祖托斯丹·邦德·凡勃伦（Thorstein B. Veblen）撰写的《有闲阶级理论》，其中提出了消费者的炫耀性动机。而莱本斯坦因（Leibenstein H.，1950）认为有三个动机：炫耀动机、个性动机和从众动机[65]。经济学家梅森（Mason，1992）也从社会角度强调了社会地位和社会角色在购买奢侈品动机中的重要性。杜布瓦（Dubois）和劳伦（Laurent）（1994）进一步提出"享乐主义"与"完美主义"的购买动机[66]。

同时，随着经济的快速发展，人们的物质条件有了很大的改善，也更加注重生活标准的提升，人们购买某种东西，或是接受某种服务，都是为了满足一定的需要，那么对于生活非必需的奢侈品来说又是什么导致了消费者对其的需求呢？

从历史发展的起源分类角度来看，奢侈品的需求属于社会性需求；从需要对象的角度来看,奢侈品的需求属于精神需要。由此可见,奢侈品满足的不是基本生活方面的需求,而是更高层次的需求。《关于中国文化对奢侈品消费者购买决策影响研究的调查报告》认为,10%的受试者非常赞同奢侈品能很好地代表个人地位,55.72%的受试者比较同意此观点。因此,奢侈品的出现对于满足高消费预期人群的心理需求非常重要。

有了需求,自然就产生了购买的动机。通过分析可以得出人们购买奢侈品的动机主要分为三类。如图4-2所示。

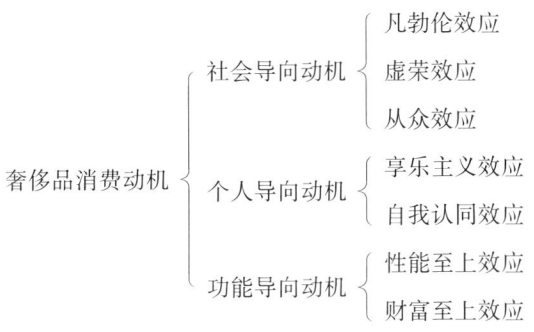

图4-2 奢侈品消费动机

1. 社会导向动机

社会导向动机分为三种,分别是凡勃伦效应、虚荣效应和从众效应。凡勃伦效应意味着产品的价格越高,消费者的需求就越高,也就是说,产品的价格越高,就越受消费者的欢迎,这反映了人们进行浪费性消费的心理愿望。人们购买奢侈品不仅是为了通过奢侈品来展示自己的财富,而且是为了获得直接的物质满足和享受,也是为了获得心理上的满足。虚荣效应是指人们倾向于购买只有某些人才能享受或独特的产品来满足自己的虚荣心,因此产品数量越少,消费者就越喜欢。从众效应是指作为社会成员,产品的知名度越高,购买的人越多,人们购买的意愿越强。

消费者展示或提高他们的身份、地位等的其中一个路径就是购买奢侈品,如名车、名牌服装、珠宝等。首先,购买这些奢侈品不仅代表着财富与地位,还意味着降低购买风险、简化决策过程和节省购买时间等,因为奢侈品本身具有货币的存储性功能,像黄金一样,可以用来储存财富。此外,购买奢侈品可以满足消费者炫耀财富的需要，奢侈品价格昂贵，只有少数人能承受，且这部分人社会地位高、财富多，奢侈品消费也是地位和财富的象征。其次，购买奢侈品可以满足消费者的个性化需求，奢侈品是潮流的领导者，同样款式的数量很少。奢侈品消费是自我个性的象征。同时，在奢侈品的占有上有一种独特和垄断的感觉，在心理上有可能表达一种优越感。

2. 个人导向动机

个人导向动机分为享乐主义效应和自我认同效应。享乐主义是人们生活中对快乐的终极追求，对奢侈品的热爱给了他们强烈的快乐感。自我认同是人们对自己有自己的看法，尊重自己作为个体的独立性，具有购买符合自己个性的奢侈品的倾向。对人性美的追求也是创造奢侈品需求的必要条件，它是各种奢侈品从追求产品的价值和艺术价值中诞生的。求美动机的理念是赏心悦目，强调产品的美化效果和美化作用。奢侈品则具有这种性质。首先，购买奢侈品可以满足消费者的享乐需求，而享乐是对消费者通过消费奢侈品获得感官满足和享受。其次，消费者可以通过消费奢侈品来强化自我概念。个性化消费心理也在年轻一代中逐渐兴起，自我实现型消费证明自己的经济实力和身份地位，充分彰显自己的个性。

3. 功能导向动机

功能导向动机分为性能至上效应和财富至上效应。性能至上效应是将奢侈品品牌商品与高品质相结合，熟悉奢侈品品牌商品的独特效果和设计之美。财富的最高效果是人们有效地拥有奢侈品来获取财富，并在这个时代进行传播，强调奢侈品的增值效果。

奢侈品是储存财富的有效工具。奢侈品的储存时间通常会持续很长时间。例如，黄金、珠宝和房子有极好的储藏价值。黄金具有货币属性，不可磨灭。高端品牌店的数量在增加，高端人群对奢侈品品牌的理解也在增加，而且越来越清晰，尤其是在价值和价格方面。他们的消费观和消费行为发生了明显的变化，他们倾向于带来高质量的生活方式，不仅仅是考虑价格因素，而是能够满足消费者高质量的需求，并且消费者觉得奢侈品品牌的价值高于价格，也正是由于奢侈品给消费者提供了更高的品牌质量和信用。

随着社会的进步,人们文化水平的不断提高,我国本土消费者也逐渐认可和接受通过奢侈品来"正大光明"地彰显自身品位、文化修养和传播个人消费文化性、前卫性,最终表达自己的个性。当前,中国经济社会正处于转型期,自改革开放以来,一些内生性和外源性的文化以及价值观层出不穷,这些新兴的价值观与传统的价值观"并存着"影响人们的行为(杨国枢,2004)[67]。

4.1.3 中国新奢侈品:本土品牌培育的市场特点和消费特征

中国的奢侈品行业正处于长期成长阶段。根据对新奢侈品市场和新消费者行为的研究发现,中国奢侈品消费者的发展情况几乎与日本相同,中国奢侈品行业和日本相比也有相似的发展模式和轨迹。

奢侈品的生命周期越来越短。奢侈品行业正处于成长阶段,整个成长阶段时间较长,这主要是因为它是由奢侈品的价值决定的。像其他类型的奢侈品一样,奢侈品的生命周期主要包括早期阶段、增长阶段、成熟阶段和衰退阶段。在早期阶段和增长阶段,其目标消费群体主要是现有的高收入奢侈品消费群体,但中国中等收入人群被视为候选奢侈品消费者,属于成熟阶段非常重要的消费群体。

如今,专为百万富翁打造的私人度假酒店、豪华住宅和顶级保健食品正吸引着人们的注意力,这证明中国消费者正逐步从购买奢侈品转向消费奢侈品的生活方式。例如:早在2016年8月,馥颂集团(Fauchon)便宣布将进军酒店业,由著名设计师理查德·马丁(Richard Martinet)设计的馥颂巴黎饭店(Fauchon L'Hotel Paris)是馥颂集团在全球计划开设的20家高端酒店中的第一家,与馥颂建立于1886年的百年美食老店为邻。酒店还内设一家由馥颂集团经营的餐厅,共有150个座位,客人可以在这里享受到馥颂的奢华美食。人们曾这样形容馥颂:"多年以来,它已成为一种生活方式,代表着严谨的奢华品质,和巴黎人浪漫的生活享受。"

如今,"千禧一代"的消费者数量在增加,消费潜力巨大,需求在不断变化。传统连锁酒店提供的服务存在问题,吸引力不够,酒店必须不断调整服务,走个性化之路,才能率先提高竞争力。

以服装、香水、皮革等个人配饰为中心的大众化奢侈品消费的中国与美国和欧洲国家的奢侈品消费相比有很大的不同。我国大众化奢侈品消费表现出许多新的特征。

（1）"非必需品"的"必需化"。传统的奢侈品其最主要的特征就是"非必需"，但随着奢侈品消费的大众化，"非必需"逐渐变化为"必需"，消费者也倾向于会选择那些同类产品中质量较高、出类拔萃的品牌和产品，享受它们带来的氛围和体验。根据相关调查发现，白领基本上每年都会购买一到两件奢侈品，对于那些真正热爱和了解奢侈品的人来说，奢侈品已经融入了他们的生活。

（2）大众化奢侈消费的"年轻化"。根据相关数据整理，以"八零后"和"九零后"为代表的年轻一代分别占奢侈品购买总量的43%和28%，分别占中国奢侈品消费总量的55%和23%。在人均消费方面，"八零后"奢侈品消费者每年购买奢侈品的花费为4.1万元人民币，"九零后"奢侈品消费者每年花费2.5万元人民币。可见年轻一代的"八零后"和"九零后"已是奢侈品消费的主力军。如图4-3所示。

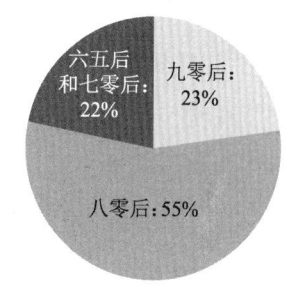

图4-3 各年龄奢侈品年均消费占比分布（由公开资料整理）

（3）品牌消费"小众化"。中国的奢侈品消费者不再是狂热的著名品牌爱好者，他们更多关注品牌的内在以及产品的性价比，对品牌的专一度与忠诚度不如老一辈高。年轻一代很多都乐意去尝试新的小众品牌，追求个性化。

（4）奢侈品需求"扩大化"。中国消费者对奢侈品的需求不再仅限于箱包、服装等行业，很多行业都有所需求，包括快消品、电子产品等行业。例如，每逢中秋节，人们立马想起的美心月饼。根据尼尔森（Nielsen）2015—2018年香港奶黄月饼市场调查报告，香港美心集团（Maxim's Catering Limited）于1987年推出第一盒双黄莲蓉月饼，就收到超好的市场反响。每年一到中秋节必成大家追捧的对象，已经连续21年获得香港月饼销售冠军，热销全球，还连续16年蝉联"食品界的米其林"——比利时世界品质评鉴大会（Monde Selection）的"优质食品奖"。在艾媒金榜（iiMedia Ranking）发布的《2020中秋月饼品牌预热榜单TOP10》中，美心月饼位列第三。

4.2 中国新奢侈品：本土品牌培育与趋优消费

4.2.1 趋优消费背景下中国新奢侈品本土品牌培育

最近几年流行趋优消费的说法，趋优消费其实就是指消费者乐意花更高的价格去购买高质量的商品，更多是追求商品的品质。趋优消费的出现是在国内经济环境的大发展给人们带来的丰富物质基础上不可避免地出现的一种消费观念，这意味着在生活越来越精致、消费需求越来越高的情况下，人们的质量意识越来越强烈、质量需求越来越大。此外，消费文化的改变是推动消费的另一个主要因素，繁荣文化注定会影响人们的心理层面，人们注定会接受新的消费原则和消费知识，而优秀消费实际上就是文化消费，它表现为对品牌的信任和依恋。因此，消费力的提高更重要的是人们的品牌消费意识已经觉醒并逐渐增强，而这些内在的消费意识正在推动人们的消费需求和消费结构向精准、优质、趣味型、经典型的多元化转变和升级。

回顾新奢侈品的发展历史，"趋优消费"是一种有利于消费者和企业的现象，它给消费者带来了功能优势和情感安慰，从而引发了企业的崛起和空间的拓展。老的奢侈品消费实际上不是功能性的，而是物质的；新的奢侈品消费正好相反，最大的特点是情感的介入，注重人文和情感。

当下，各个领域各个产业都进入"趋优消费"，完全可以培育出成功的新奢侈品品牌。在各自领域里有自己独特的价值创造，有自己独特的风格。与传统产品价位不同，价格反映出新奢侈品的创造价值。作为消费者来讲，可以根据自己的喜好、使用习惯，以及功能性的方方面面来综合考虑，选择适合自己的品牌和产品。也就是说，中国新奢侈品本土品牌培育过程，消费者自己必须有足够的自信、足够的判断和足够的审美。

有一点必须澄清，基于"趋优消费"的背景，我们要塑造的中国本土新奢侈品不等于传统奢侈品。我们本质是精益求精的追求，所有的传统制造产品，甚至包括服务产品等都是如此,精益求精地做好的是更好并真正具有强烈价值创造的产品,就是我们要做的中国新奢侈品本土品牌培育。

由于缺乏新奢侈品本土品牌培育,导致很多不正常的现象出现。在2019年中央电视台的"3·15晚会"上,就爆出阿玛尼等国际知名品牌的服装不合格率较高。为什么像阿玛尼这样的知名奢侈品品牌会被列入黑名单多次呢?主要原因是在于中国这样一个相对年轻且快速增长的奢侈品市场,消费者的注意力往往放在"奢侈品"品牌上,而不是商品质量上。此外,随着奢侈品市场的扩大,中国作为世界工厂,近年来大部分奢侈品都来自中国的代加工厂,这些制造商的生产技术和质量检测技术水平不一致,很容易造成质量问题。

4.2.2 需求层次理论与中国新奢侈品本土品牌培育

1943年,美国著名心理学家亚伯拉罕·马斯洛(Abraham Maslow)在一篇关于《人类激励理论》的论文中提出了需求层次理论,将人类需求从低到高分为:生理需求、安全需求、社会需求、尊重需求和自我实现需求。生理需求是指人类的基本生存需求,如吃饱穿暖;安全需求则是指人都需要安全感,不仅是外界的还有内心的;社会需求是指感情方面,人是群居动物,是需要与他人建立友好联系与感情的;尊重需求是指人需要外部的社会定位的认可、能力的认可等,以及内部的自我认可、自尊和自信等;自我实现需求是一种更高层次的需求,是指实现个人理想和抱负,最大限度地发挥个人能力,达到自我实现境界的人。人的需求以等级方式出现,并根据其重要性的大小,由低级需求逐渐发展到高级需求,依次为生理需求、安全需求、社会需求、自尊需求和自我实现需求。只有满足了较低层次的需求,较高层次的需求才会出现并得到满足。如图4-4所示。

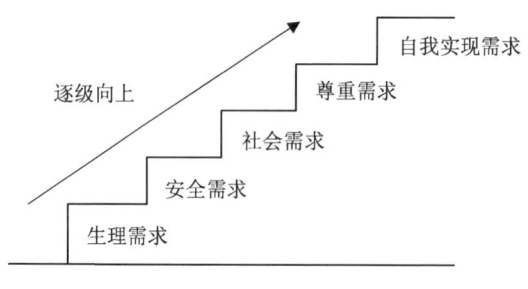

图4-4 马斯洛需求层次理论图

消费者购买一件商品,不是简单地直接购买就行,很多时候是会受到自身条件和周边环境的影响。从需求层次理论来看,消费者购买奢侈品得有一定的经济基础,能解决基本的生存需求,且尚有余钱,方会考虑满足自身精神需求。改革开放四十多年来,我国经济发展迅速,社会生产力也是发展迅猛,生理需求、安全需求基本已经满足,许多人寻找的下一件事是社会需求、自尊需求和自我实现需求。此时,犯错修正的成本不高。原因是人类经济活动的最终目的是满足自我需求,而经济人(即假定人思考和行为都是目标理性的,唯一试图获得的经济好处就是物质性补偿的最大化)的需求是多种多样的,影响人类生存和发展的因素都会影响着需求。其次,购买行为也容易受到周围环境的影响。例如,环顾四周,人们都在使用苹果手机,你却在使用其他品牌,下次你更换手机时,你很可能会选择苹果。这是另一种精神需求,也是满足物质条件后更高层次的需求目标。因此,人类追求的利润目标是多元效用函数,马斯洛的需求层次理论正好验证这个观点。未来在中国发展的新奢侈品本土品牌的消费动机是消费升级,也就是升级到有足够的需求强度,可以引导消费者及时寻找满足需求的目标。比如,劳力士在2016年举办了雄才伟略大奖的评选,给十位来自世界各地的创新人士颁发这一奖项,来表达对他们伟大贡献的褒奖。一方面是为了提高品牌知名度,另一方面是为了赋予品牌新的精神内涵,其实也就是品牌的消费需求从自尊需求提升到了自我实现需求,让品牌不再是满足人们某一心理需要,而是上升到自我实现价值。再比如,很长时间,苹果手机在发展中国家风靡,很大原因也是消费需求层次在引导。

4.2.3　中国中产阶层与新奢侈品消费

随着人们消费水平的不断提高,人们对生活质量的要求也在不断提高,同时对奢侈品的消费需求也在不断增加。2016年7月,《经济学人》杂志指出中国的中产阶层在2016年达到了2.24亿人。数据显示,中国的中产阶层规模庞大,占主导地位的财富总量已达到29.8万亿元人民币,中国中产阶层的财富总量占世界第一。总的来说,中国的中产阶层已经形成了一定的规模,未来在购买奢侈品方面具有一定的消费经济基础。

居民收入的增加,消费结构不断变化,中等收入人群扩大,带来的是消费者越来越关注中高端产品,即趋优消费。这种新兴中产阶层的趋优消费理念对经济发展和社会进步的意义是重大的。许多研究报告显示,与其他阶层相比,中国中产阶层不仅在消费上名列前茅,更重要的是,他们已经形成了一种相对理性和超前意识的现代消费心态。同时,消费者普遍接受了现代消费方式,如强调个性化和文化感,分期付款,更重视教育、旅游和文化消费支出,并能理解大众消费对国民经济发展的驱动力作用。目前,趋优消费呈现出普遍趋势,尤其是中国高端商品市场随着家庭财富的增加和选择的扩大而发展。如今,15%的消费者乐意为高端消费类电子产品支付至少60%高价,而一些个人护理控制产品则乐意支付3倍以上的价格。

4.3 中国培育新奢侈品本土品牌的定位:从品牌到新奢侈品品牌

4.3.1 中国培育新奢侈品本土品牌的定价

奢侈品有一个明显的共同特点,就是之前提到的价格高。款式、皮质差不多的一双鞋在普通商场卖200元,但打上奢侈品的标签或是换个高档的商场就会卖1000元,不但不会没人买,反而更畅销,即价格越高,消费者需求程度越高,这就是"凡勃伦效应"。中国本土新奢侈品如何定价必然也是"新奢侈品"营销战略的一部分。中国本土新奢侈品的定价必须要对传统的定价模式进行颠覆,也就是说,定价是一种战略。中国培育新奢侈品本土品牌定价区间,如图4-5所示。

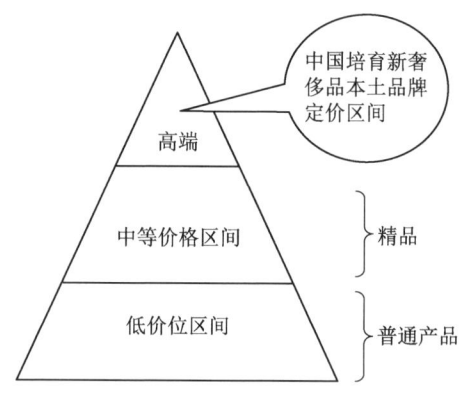

图4-5 中国培育新奢侈品本土品牌定价区间示意图

从真正的意义上来说,奢侈品定价不是关于钱的问题,钱只是一种象征。在奢侈品行业中,产品的价格与产品的成本几乎毫无联系,基于传统成本上涨导致价格上升的定价方法在这里没有用。事实上,虽然消费者一直在寻求更多的折扣,但因为价格是奢侈品价值的一个强有力信号,奢侈品的定价方程主要在情感领域起作用。在奢侈品领域中,消费者寻求一种体验或者感觉,而不是具体的东西。他们交易的中介——金钱,也是具有高度象征意义的。因此,此定价方程变得更为混乱和使人迷惑。在奢侈品市场里,正确的价格应该是奢侈品消费者所愿意支付的最高价格。为了找到这个价格,我们必须认识到消费者希望感到自己是购物游戏中的胜利者。也就是说,定价方程中的感知价值必须偏向于消费者,让消费者从心里觉得还占了"便宜"。

价格虽然不是决定一个商品是否为奢侈品的关键因素,却能把一个商品与普通商品拉开距离,是品牌定位至关重要的关键因素。奢侈品若是定价过低,则会让人们"轻视",一方面无法拉开与消费者的距离,无法使得少数人才能拥有;另一方面消费者即使买了也无法达成其炫耀或是表达自我个性的目的,会让消费者觉得"不值",毕竟奢侈品的前提在于"物以稀为贵",一旦价格过低,限量也无法维护目标客户的优越感。当然,价格也不能过高,当价格过于高时,而品质等各方面无法与之相匹配,则会使得商品生命周期过短,保价期也不长。所以说,中国新奢侈品运营商在给奢侈品定价时,不仅要考虑奢侈品品牌定位问题,还需结合实际市场各方面的情况进行定价。

4.3.2 中国培育新奢侈品本土品牌的定位

1. 中国本土奢侈品与中国本土新奢侈品

当下语境,探讨中国奢侈品本土品牌培育与新奢侈品本土品牌培育的内涵是重叠的。

(1) 2008年金融危机爆发后,奢侈品代加工价格一路下滑,利润接近于零,低端制造这条路已经走不通了,必须思考本土传统制造的转型,必须加大附加值。

(2) 中国新奢侈品本土品牌培育的定位。新奢侈品本土品牌定位的本心和出发点,应该是奢侈品,只是更多地把产品和文化(艺术、品质、精神)相结合,这是提升传统中国制造价值非常重要的定位,也是中国制造最缺的部分。

(3)中国新奢侈品本土品牌培育,也带来一个极大挑战,高端市场本来就比较小,再定位和涉足"奢侈品"内涵,可能更加狭窄。这也是本书提出放大的奢侈品概念,不是传统奢侈品走小众品牌的做法,而是借助奢侈品的感知质量和品牌联想。

可以肯定的是,新奢侈品一定不是作为小众品牌,一般意义上小众品牌是指为较少人所认知、新生的并未全方位打开市场的初创品牌。小众品牌的劣势在于市场太小,不利于本土制造转型升级把市场做大。同时,中国新奢侈品本土品牌培育,契合改革开放四十多年来,中产阶层崛起拥有的共同价值观和生活方式形成的品牌需求,又契合中国本土制造高质量发展的与时俱进背景。

2. 中国新奢侈品本土品牌的定位

奢侈品的定价取决于品牌的定位,而品牌定位是在中国培育新奢侈品本土品牌战略的第一步。品牌定位是基于市场定位和产品定位,以及创造与目标市场相关的品牌形象的过程和结果,对特定品牌的文化方向和个性做出的商业决策。换句话说,当某一产品在消费者心目中占据一个特殊的位置时,就决定了某个特定品牌的正确市场定位。例如,当在炎热的夏天突然变得口渴时,人们很快就会想到一口清凉的"可口可乐",该品牌已经与针对该品牌的目标消费者群体建立了内在联系。

品牌的定位是市场定位的核心和集中体现。一旦公司选择了目标市场,就有必要建立和形成合适的产品、品牌和企业形象,以获得目标消费者的认同。市场定位的最终目标是实现商品的销售,品牌是企业传播商品信息的基础,由于品牌是消费者选择制胜产品的主要依据,品牌成为系统与消费者之间的桥梁,品牌定位成为市场定位的核心和核心表现。

作为产品或公司核心价值的体现,品牌是一种重要的附加值,而不是产品本身的价值。不仅在提高产品附加值和增强竞争力方面发挥了重要作用,而且成功的品牌既能强化产品的识别度,还能很大程度上加强消费者的忠诚度。当下,数字赋能给予互联网更多内容,包括数字媒体传播等来势汹涌,许多商业新浪潮中的探路者与先锋者都开始借势打造自己的个人品牌。可以看出,中国新奢侈品本土品牌培育,必须要借助数字赋能大背景,通过数字媒体传播让品牌成为网红

IP,并以数字媒体传播为载体,打造商业生态,抓住互联网的时代红利,顺风而起。无论是企业大品牌还是网红小品牌,将品牌打造成百年经典的顶尖品牌是所有人的目标,因为一旦你的品牌拥有像星巴克这般注入人心的力量,你的产品销量自然会上升。

4.3.3 定位倒逼中国新奢侈品本土品牌塑造

本节对中国培育新奢侈品本土品牌所囊括的范围进行更深一步分析,分别从个人维度和社会维度对中国培育新奢侈品本土品牌、精品等进行划分。个人维度主要是从消费者需要为产品支付的价格角度出发,划分为感知难以获得(难以获得,与欲望相关联)、中易获得(介于中间,与新奢侈品贴近)和较易获得(与基本需要关联)三类。社会维度划分为奢侈品品牌、高档品牌和精品品牌三类。

如图4-6所示,中国培育新奢侈品本土品牌兼顾个人维度和社会维度因素,较好地涵盖目前新奢侈品的范畴。最大程度地解释了目前对培育新奢侈品本土品牌理解的不同看法。同时,结合波士顿矩阵法("市场增长率和相对市场占有率矩阵")和通用电气公司法("多因素投资组合矩阵"),对本土企业培育新奢侈品本土品牌的战略业务单元进行分类和评价,来构建"市场增长率和市场吸引力"矩阵。从图4-7可以看出,在中国培育新奢侈品本土品牌区域,就是市场增长率高和市场吸引力大的区域即"明星",也是中国本土传统产品企业转型升级从现有的"瘦狗"转型升级到新奢侈品本土品牌的方向。

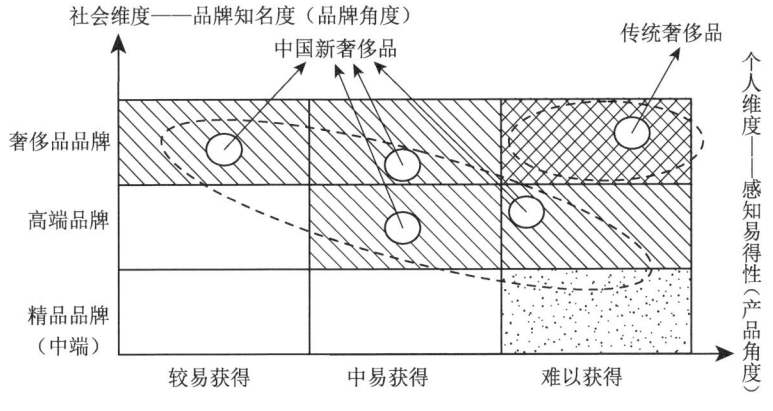

图4-6 中国培育新奢侈品本土品牌维度示意图

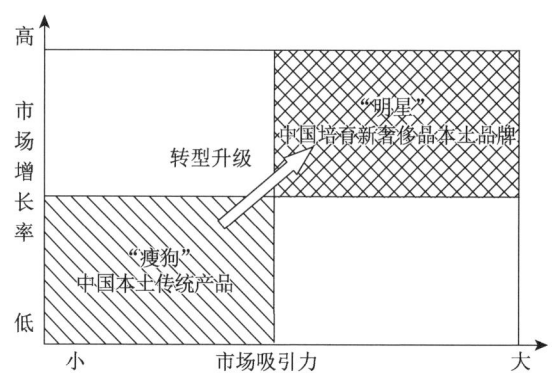

图 4-7 中国培育新奢侈品本土品牌战略业务单元区域示意图

进一步分析，中国新奢侈品不是简单的传统奢侈品价格、行业的变化，而是传统奢侈品根据市场需求和消费者需求进一步演化而来的，是一种理想状态下的商品，不一定能实现。而这也正是一开始的定位，将中国新奢侈品定位为中高端、各行业、高品质等特质，倒逼了价格的界定、品牌的塑造、市场的范围。

例如，中国生活百货品牌名创优品（MINISO）虽一直因为抄袭被人诟病，但是开业第一年（2014年）公司的全年销售额就达到了20亿元，2015年为50亿元。2020年10月15日，名创优品（NYSE：MNSO）正式登陆美国纽约证券交易所。究其成功的原因，主要还是其创始人叶国富抓住了电商背景下消费市场的空白。"富人都在国外消费，穷人都在网上消费，而这些购物中心已经变成虚拟的了，成为非常尴尬的存在，并且不上不下。"叶国富认为这正是名创优品难得的机会，于是将名创优品定位为中高端购物的商场品牌。其产品以时尚休闲生活百货为主，囊括创意家居、健康美容、潮流饰品、文体礼品、季节性产品、精品包饰、数码配件等。因此，从哎呀呀（名创优品前身）演变而来的名创优品首先在商店位置的选择上放弃了三四线城市，而是选择一般都是人口在300万以上的一二线城市，选址大都在百货商场、购物街、步行街和地铁社区等人流相对集中的地方。此外，名创优品很重视上新的速度，"一旦卖不出去就打折促销，然后推出新产品"，这是一个小产品"理想家"，由叶国富精心打造，凭借最好的地段和诱人的低价，"山寨"日本产品，吸引投资方，迅速扩大门店数量，以销量推动采购议价能力的不断提高等。

4.4 中国培育新奢侈品本土品牌的颠覆性创新

4.4.1 中国培育新奢侈品本土品牌与天生国际化

麦肯锡数据（McKinsey & Company）显示,2018年中国人在境内外的奢侈品消费额达到7700亿元人民币,占到全球奢侈品消费总额的三分之一,到2025年奢侈品消费总额有望增至1.2万亿元人民币。中国巨大奢侈品市场被国际奢侈品品牌牢牢占据,一方面,急需中国本土奢侈品品牌与之抗衡;另一方面,中国传统制造又急需转型升级,与当下状况形成对比的是中国大批制造企业为国际高端品牌代工赚取微薄利润。

中国何时拥有本土奢侈品品牌？中国新奢侈品本土品牌培育能否与本土制造企业转型升级与高质量发展融为一体？当然,仁者见仁智者见智,奢侈品本土品牌培育与本书提出的中国新奢侈品本土品牌培育,是殊途同归还是截然不同？都要看未来中国制造的发展。

1994年,奥瓦特（Oviatt）和麦克杜格尔（McDougall）明确定义迅速推进国际化的新公司概念,即"自公司成立以来,利用多个国家的资源,向多个国家销售线外产品,并积极寻求明显的竞争优势的公司组织"[68]。耐特（Knight）和卡瓦斯基尔（Cavusgil）称它为"天生的国际化公司（Born Globals）",他们进一步指出这些公司"规模小,通常是技术性的,从一开始就是国际化经营"。此后,耐特（Knight）对"天生国际化公司"做出了具体定义:"从一开始就从国际市场销售中寻求大部分收入的公司。"[69]培育新奢侈品本土品牌,甚至"出生"之日就是国际化之时,就定位高端,从而快速走向和融入国际市场。与大多数传统公司相比,国际化公司的本质特征是其自身的国际化方向,即把世界视为一个没有单一边界的市场。当然,国内的中小企业不希望随着企业做大之后才发现不能局限于国内市场,并被动选择一种渐进式国际化升级路径。为此,越来越多的企业,选择在公司成立之初,就主动瞄准高端和国际市场,实施国际化战略。目前,中国培育新奢侈品本土品牌,实质就是用好机遇,打好主动牌,要天生国际化,进而走出一条中国培育新奢侈品本土品牌的突围之路,如图4-8所示。

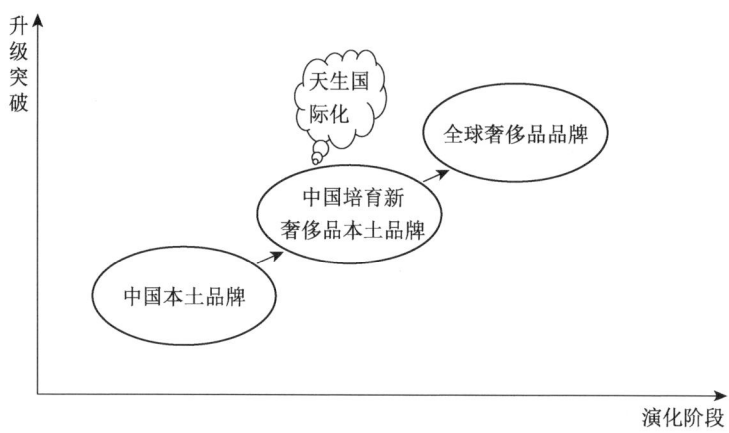

图4-8 中国培育新奢侈品本土品牌与天生国际化

中国传统企业转型升级的核心就是寻求从低附加值到高附加值、从低端客户到高端客户的攀升,来实现可持续发展。由于高端市场已经被拥有先动优势的在华跨国企业占领,并形成自己的势力范围,这个时候中国培育新奢侈品本土品牌的进入,有利于中国品牌转型升级和品牌塑造。也就是说,中国培育的新奢侈品本土品牌从一开始就要天生国际化。

4.4.2 传统营销4P的颠覆与中国新奢侈品本土品牌培育的建议

1. 对传统营销4P的颠覆

我们知道,现代营销理论的核心是以4P为中心,即传统营销4P(产品product、价格price、渠道place和促销promotion四大营销组合策略),它所体现的完全是以商品为中心的营销理论。"产品、价格、渠道、促销"所代表的完全是以产品为中心的概念,是一切围绕产品为中心设计的营销体系。从整体上看,主要是面向那些大规模生产出来的无差异的商品,虽然简单明了、易于操作,但随着经济的发展与市场环境的变化,传统营销4P已经无法适应当前经济形势,尤其是奢侈品行业。中国新奢侈品本土品牌培育的关键就是定位(侧重价格和品牌的定位),实质就是对传统4P的定价颠覆性的创新,包括天生国际化,实质就是对定价和定位的颠覆性创新路径。

颠覆传统4P的主要目的是吸引消费者,而吸引消费者,营销就是至关重要的环节,如今已不是"酒香不怕巷子深"的时代,从4P到5C(顾客Customer、成本Cost、便利Convenience、沟通Communication和认证Certification),从以产品为中心到以消费者为中心,每一个理论都是为了适应市场的变化,提高品牌的知名度。

中国2019年时尚消费市场的收入超过了2000亿元人民币。中国消费群体对高品质时尚品牌的需求逐渐上升,进一步推动了中国时尚消费市场的结构调整。不断变化的中国时尚消费市场对创新和个性化的需求正在增长。这种趋势要求海外品牌在中国的布局更加"扎根"。

在这种趋势下,许多品牌选择线上开店的方法不仅保证了实体店的品牌展示,还随着消费者习惯的改变开辟了一条网上购物街。例如:著名的德国C&A(西雅衣家)服装公司已经在天猫商城上架,并在中国25个城市开设了100家店铺;以男士休闲正装著称的荷兰品牌SUITSUPPLY(西装供应)也于2016年4月15日在网上开设了中国在线商店。

中国的时尚消费市场已经是世界上最重要的消费市场之一,但消费者需求的变化对已经或愿意进军中国市场的海外品牌提出了更高的要求。贝恩资本2015年对中国时尚消费市场的调查显示,国外公司必须提高定价体系的灵活性,采取更积极的市场策略,并专注于时尚内容本身,才能获得中国客户。海外品牌市场布局的关键是如何为中国不同地区不同群体的客户制定市场战略。日益增长的中国时尚市场正呈现出越来越鲜明的特征,并出现越来越多的可能性。

2. 中国新奢侈品本土品牌培育的建议

中国奢侈品消费市场规模的不断扩大与社会结构背景密切相关。现阶段,中国与欧美发达国家的消费差距越来越小,人们的消费观念发生了根本性的变化。无怪乎在中国经济和社会共同发展的大趋势下,富人和有识之士会追求未来的生活质量,这也是社会经济发展的必然结果。2003年,中国人均GDP达到1090美元,按照国际经验,人均GDP超过1000美元之后,消费结构转变为发展型和收获型,过去的奢侈品转变为成年人的必需品。奢侈没有明确的定义,奢侈的定义是随着社会进步"推出新事物"。结合世界经验,一个国家的奢侈品消费增长水平应该是国民生产总值的两倍。因此,我们应该对奢侈品和奢侈品行业有一个理性的认识,奢侈品消费和奢侈品行业已经成为我国发展的必然趋势。此外,随着市场经济的成熟,越来越多的消费品和生活方式可供人们选择,越来越多的奢侈品消费逐渐稳定并向本土化和合理化发展。针对中国新奢侈品本土品牌培育,根据市场情况本书提出以下建议。

1)精确定位中国奢侈品消费群体

进入21世纪以来,国内奢侈品消费发展迅速,目前进入中国市场的奢侈品种类已经非常丰富,包括奢侈珠宝、世界名牌、豪华轿车、鞋、香水和化妆品。外国奢侈品消费者集中在40~70岁的人群中,但由于中国消费者已习惯信用卡消费和分期付款方式,20~40岁的消费者已经是中国奢侈品消费的一个支柱,消费群体比国外年轻。现在和未来,中国已经成为世界奢侈品消费市场的中流砥柱,准确定位奢侈品消费者,推出更多他们喜爱的奢侈品,让他们更接近自己的口味,并进一步根据他们的需求制定商品的质量保证和售后服务方案是当务之急。

2)从奢侈品消费动机看发展

纵览本国奢侈品市场,从奢侈品消费者的各种角度和动机出发,奢侈品消费的种种行为竟然带来这么多值得探讨的社会现象。必须更加注重奢侈品品牌的管理和维护,进一步加强和完善奢侈品的售前、售中和售后服务,提倡更加合理的消费观念,才能够让中国这个有潜力消费奢侈品的大国健康发展,逐渐走向成熟。

3)加强中国奢侈品本土品牌研发及出口

中国奢侈品市场在过去几年发展迅速,作为世界第二大奢侈品市场的重要消费者,人们的消费理念发生了巨大变化。然而,作为一个国际消费大国,我国现在依赖进口来满足各种需求,因为我国缺乏奢侈品品牌。随着人均收入的增加、需求水平的提高和品牌认知度的提高,奢侈品品牌在中国的发展已成为尤为迫切的需求。在整个国际奢侈品品牌市场上,大多数奢侈品品牌都在美国、日本和欧洲,中国本土奢侈品的品牌类型单一,品牌不计其数,整体档次较低。国家应大力支持和鼓励自主创建奢侈品品牌,打破欧美、日本等老牌奢侈品品牌的垄断局面,借鉴欧美、日本等成熟奢侈品品牌市场的经验,制定符合产品特点和市场需求的营销策略,大力加强研发,强调奢侈品品牌的独特性和个性,并迅速向国际奢侈品品牌市场扩张。这将加快中国奢侈品品牌进入国际市场的步伐,将中国的奢侈品品牌推向全球舞台。

4.4.3　后新冠疫情时代中国新奢侈品本土品牌培育与高质量发展

在新冠疫情的冲击和国际经贸环境恶化的背景下,打造制造业强国显得更加紧迫与必要。过去我们强调经济结构的升级、强调第三产业的发展,现在来看可能需要做一些更深入的思考。事实证明,中国在未来二三十年时间里,还是要立足于制造业,这是中国经济的立国之本。

一方面,中国产业高质量发展,要立足于本国的资源禀赋和历史积淀。中国一直具有发展制造业的要素优势,比如人口众多、资源丰富,几十年制造业积累形成的基础设施、产业环境和企业文化,尤其是具有制造业基因的管理层和工人。可以说,改革开放四十多年中国经济的成功,很大原因是具备制造基因。

另一方面,从制造业增加值全球占比来看,中国肯定是制造业大国,但不是制造业强国。因为,中国制造业长期以来增加值最高的两头都在外,依靠廉价劳动力简单加工、组装代工的低价值环节在国内,当外部环境发生变化时,很容易发生产业链断裂和关键技术卡脖子的问题。

可以看出,中国要从制造业大国向制造业强国迈进,本质上需要进行产业升级,也就是我们一直以来强调的将制造业产业链向高层级跃升。基于此,本书尝试换一个角度,从中国新奢侈品视角切入,继承中国制造基因的同时,又能在产业升级上有所创新突破,从而让产业链升级能落地,有实际的抓手。

· 第 5 章 ·

基于设计驱动创新视角的中国新奢侈品本土品牌培育路径

5.1 设计驱动创新
5.2 设计驱动创新假设和模型构建
5.3 设计驱动创新与中国新奢侈品本土品牌培育路径的实证分析
5.4 小结

5.1 设计驱动创新

5.1.1 设计——第三种创新驱动力

设计作为技术和市场之外的第三种创新驱动力已得到越来越多的专家学者和业界人士的认可。苹果(Apple)、三星(SAMSUNG)、耐克(NIKE)等企业以设计作为驱动力开发出的新产品给消费者们带来耳目一新的全新体验,并且加深了设计思维在行业中的影响力,索尼公司的前总裁大贺典雄甚至表示,在产品日趋同质化的现在,只有通过设计才能将产品区分开来。维甘提(Verganti R.,2003)的研究也强调了设计在产品开发方面的战略地位,并认为它是新时代的管理者们面临的主要挑战[61]。陈圻等(2013)认为,在中国,设计的最终目标就是推动产业的转型升级[70]。还有学者将设计看成一个产品维度,企业的产品差异化可以通过设计来实现,并以此促进市场营销。克里斯蒂安·霍姆斯堡(Christian Homburg)等(2015)则认为设计是一种沟通工具,可以被用来诠释产品的功能,这种有形并且可视的设计特征是企业向消费者传递创新产品的美学、功能和象征意义等关键信息的载体,在创新产品发行销售时,设计特征所传达的这些信息就会发挥至关重要的作用并对消费者选择和保留的过程产生关键的影响[71]。由此可见,设计会对消费者感知创新产品产生一定的影响,并进而影响消费者的购买意向和创新产品的口碑传播,虽然这种影响的具体机理和作用过程尚未可知。但是正如露丝·穆格(Ruth Mugge)和达伦·W. 达尔(Darren W. Dahl)(2013)所说,现在迫切需要的是更多的关于设计会如何影响消费者对于产品创新的反应的实证研究[72]。

5.1.2 设计驱动创新的三个维度

产品设计是用户对于产品的第一触点,也是用户获取最初产品信息的源头。设计属性彰显产品的品质和特色,主要通过掩藏或揭露产品的复杂性、提升易用性、诠释产品系统内涵、激发消费者认知反应来实现。克鲁森·梅(Creusen Meh, 2011)指出,消费者对产品质量的评价随着整体评估所带来的情感反应变化,当整体评估带来积极的情感反应时,相应的用户对产品质量的评价也是积极的[73]。而坎迪·阿什利(Candi Ashley)等(2010)则认为,如果消费者无法感受到产品质量的提升,那么产品的设计就没有必要。消费者对于创新产品的感知进一步影响他们购买创新产品的意愿以及对于创新产品的口碑传播[74]。迈克尔·卢卡斯(Michael Luchs)和K.斯科特·斯旺(K. Scott Swan)(2011)在研究中发现产品设计会对消费者行为产生影响[75],而克里斯蒂安·霍姆斯堡(Christian Homburg,2015)等则在研究中将购买意愿和口碑传播作为研究消费者行为的代理变量[71]。艾森曼·罗素(Eisenman Russell)和拉普帕波特·琼(Rappaport Joan)(2013)认为设计是一种工具,可以用来解释一种产品能做什么,同时也是一种手段,可以触发不同认知和情感反应[76]。现有研究文献在产品设计的具体表现方面尚未达成一致,产品设计中的美感、功能性、象征意义、外观形象、人体工程学是被提及次数最多的几个特征。设计是产品整体性质的表现,并且远超特定设计属性之和。

(1)美学维度。斯科特·K.拉德福德(Scott K. Radford)和彼得·H.布洛赫(Peter H. Bloch)(2011)认为设计的美学维度是指消费者对精心设计之后的产品外观和漂亮程度的感知[77]。当消费者面对一个具有独特美学属性的创新产品时,会认为它与现有产品相比,在形态、外观、风格、色彩和对称性等各个方面都更加新颖或者是现有产品进一步的升级与完善,进而认为该创新产品具有更好的品质。因此,产品的美学属性是影响消费者感知的一个关键,简内克·布利耶文斯(Janneke Blijlevens)等(2012)就指出,在消费者潜意识中,新颖的设计与更高的品质水准可能是密切相关的[78]。

罗斯玛丽·R.赫斯(Rosemary R. Seva)和马丁·G.海兰德(Martin G. Helander)(2008)认为一项产品的美学吸引力是影响消费者购买决策的重要因素,产品的视觉特性能够吸引并刺激消费者购买产品[79]。前期的调查研究发现美学属性会对产品销量产生积极影响,李东进等(2013)的研究结果显示,美学属性与产品能否在商业中成功息息相关[80]。此外,彼得·H.布洛赫(Peter H.

Bloch,1995)以理想的产品形式为基础,研究设计与消费者心理和行为响应之间存在的联系,他认为一件产品最为根本的特性就是拥有能够刺激消费者消费的外在设计或外在形态[81]。

(2)功能维度。设计的功能维度一般用来显示创新产品能干什么,以及应该如何被使用,会更大程度地影响用户对于创新产品功能的认知,并反映出"功能决定形式"这一设计基本原则。斯科特·K.拉德福德(Scott K. Radford)和彼得·H.布洛赫(Peter H. Bloch)(2011)认为,一般情况下用户可以通过自己的肉眼视觉观察来判断产品的功能性,这一点在如今的网络购物中体现得尤为明显[77],这也是为何网站都热衷拍摄精美图片来吸引消费者关注。大卫·W.法格伯格(David W. Fagerberg)等(2004)认为,消费者对于产品设计的反应一般都要兼顾考虑多个方面,如产品安全性、舒适性和用户友好性等功能来综合达到目的[82]。罗宾·罗伊(Robin Roy)和约翰·瑞得(Johann C.k.h. Riede)(1997)强调了产品设计的重要性,包括对于完善产品功能、凸显产品特色,从而塑造产品竞争力等[83]。例如:法拉利跑车就是基于空气动力学的流线型车身设计,吸引消费者关注,并更好地认识其在速度方面的性能优势,从而最终了解到法拉利是高品质超级跑车的代表之一。

梁磊和赖红波(2016)研究认为,消费者会基于改善的性能来对创新产品做出回应,而设计则可以帮助消费者更好地理解产品的功能特点并进而决定购买或给出正面评论[84]。以最近爆红的"中国最神秘百亿美元公司"SHEIN(希音)为例,SHEIN的衣服样式更丰富,色彩和图案也更多变。"性感"或"时尚"都是SHEIN的设计风格,它的模特形象也贴近Instagram(照片墙)和微博(WeiBo)网红,而不似ZARA的传统时尚感。也就是说,设计能够让消费者看到创新产品的性能特点以及对现有产品的改进和完善,进而激发消费者的购买意愿和对于产品的积极评价。

(3)象征意义维度。设计的象征意义是对于创新产品内涵的延伸,也就是设计思维强调通过产品来传达出特定含义,从而超越了产品直观功能并进而拓展了产品的深层次用途,使得消费者可以通过他们所拥有的产品来实现对话[77]。换句话说,人们使用产品来显示他们的社交空间并且确定自己相对他人的定位。消费者会将拥有物作为他们自我意识的延伸并基于此传递出他们身份的信号[72]。

例如,购买和使用奢侈品便体现出消费者的收入水平、教育水平和社会地位。设计的象征意义维度通过创新的产品为消费者提供新的身份以及对外沟通的方式。如前几年热衷购买最新款的苹果产品,本质上就是传递有关他们身份的某些特征,体现了自己对于更高品质产品的追求或社会地位甚至自己的品位。当然与以前比较,目前这种情况要少很多了。设计在象征意义维度上的创新或升级,与消费者对于创新产品质量和品牌的认知都有着密切关系[77]。象征意义是一个关键的维度,因为仅靠美学和功能维度并不能涵盖产品设计的全部。进一步剖析,设计所表达出的象征意义维度很大程度上实现了消费者延伸自我的欲望。因此,我们可以认为象征意义对于消费者的购买意愿和口碑传播都会具有正向的影响。

总之,在"手工业经济"向"产业化经济"演进的过程中,技术(technology driven)、需求(need driven)和市场(market driven)这三个要素共同作用下诞生了"工业设计"。当前,数字赋能背景下,设计可以进一步探讨"物品、过程、服务"中的产品创新和商业模式创新,实现从"广泛性"到"纵深性"两个维度的跨越。融合数字技术,"设计"能更多以"整合性""集成性"的概念加以诠释,包括"信息的结构性""知识的重组性""产业的服务性"等,不再局限于一种特定的业态形式,并更侧重于品牌在系统运行过程中的结构创新和集成创新。为此,设计业态在"中国新奢侈品"本土品牌培育中,完全可以在产业结构、社会职能和相互关系中做出相应改变或完善。

5.1.3 中国新奢侈品本土品牌培育与设计驱动

早在一百多年前,德意志制造同盟,也就是现在大家熟知的"包豪斯"的前身,在成立之初就对外宣称要建立一个国家的审美标准。到了今天,我们可以看到德国很多的产品制造(如轿车)畅销全球。1982年,德国设计师哈特姆·埃辛格(Hartmut Esslinger)负责苹果的设计语言和风格的塑造。大量苹果早期的用户都是被其精致与经典相结合的设计理念所吸引的。美国苹果公司联合创始人史蒂夫·乔布斯(Steven Paul Jobs)教会这些技术人员在数字时代玩味设计。在苹果大部分产品的图标中,我们都可以发现哈特姆·埃辛格(Hartmut Esslinger)的"白雪"设计语言。

奢侈品与设计是密不可分的，设计的内核和奢侈品的内涵追求一致，如突出精神内涵的赋予、价值与意义的建构。对完美的追求，最能够触发一种全新的生活意识，如：与车有关的奔驰、宝马（BMW）和劳斯莱斯，与书写有关的万宝龙（MONTBLANC），与计时有关的劳力士。苹果创始人为了让用户感受到苹果手机的极致体验，专注屏幕上指尖的轻轻划动，这种现代工匠之心，都包含着设计者对人类生命价值的深刻理解，从侧面凸显产品和情感两个世界的互通和互动。

奢侈品本质是要创造极致体验，核心之一就是通过奢侈品精妙的设计，来传递制造之美，包括对社会的洞察和对爱的感悟。优秀的设计师和设计作品一定是要善于传达器物（造物）背后的情感，才能找到中国新奢侈品本土品牌培育的真谛。如最近日趋活跃的交互设计等领域，典型代表就是苹果、特斯拉（TESLA）和华为的交互设计作品。设计师原研哉（2006）要让每个人都能唤起脑海中珍藏的"踏雪寻梅"记忆[85]，这需要设计师具有超强的感知和捕捉事物本质的能力。世界如此美好，人们一定能从触觉上享受这样一种极其细微的美妙感受，传递对生命的感悟，这才是真正的奢侈。

中国新奢侈品本土品牌的培育处在发展中，本土设计也处在发展中，并在不断参与国际竞争。与此同时，本土企业也逐渐意识到设计是企业的生命线，"是产品的灵魂"，是用来实现品牌和消费者双赢的利器。最近几年，具有"设计界奥斯卡"之称的德国 iF 和红点奖一次次把目光投向了中国本土品牌，如李宁就凭借一款已面市的专业篮球鞋获此殊荣，从侧面反映中国新奢侈品本土品牌培育的潜力。

中国具有五千年悠久灿烂的历史文化，在设计中扎根本土文化，将中国元素运用到设计之中，同时加入时尚元素，也能体现中国新奢侈品的魅力和故事表达。2014 年美国总统奥巴马访华，美国第一夫人米歇尔身着华裔设计师林达克（Derek Lam）设计的品牌服装走下飞机，一下就拉近了与中国东道主之间的关系，显示出对中国悠久文化的尊敬和对中国人民的友好态度。总之，数字赋能的当下，伴随我国转变经济发展方式和传统制造转型升级，我们的设计产业也迎来了又一个发展契机。未来，在"中国制造"迈向"中国创造"进程中，工业设计将发挥越来越重要的作用。

5.2 设计驱动创新假设和模型构建

5.2.1 产品感知和品牌感知假设与模型构建

根据奢侈品行业搜索关键词特征(图5-1),可以看出,消费者对奢侈品特征最关注的还是产品和品牌,基于此,进一步对品牌感知和产品感知进行深入分析。

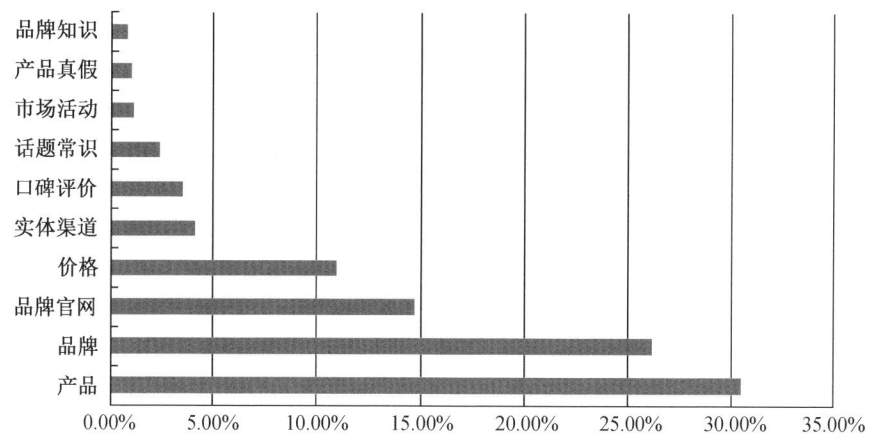

图5-1 2013年奢侈品行业搜索词特征

1. 产品感知

英国作家特伦斯·霍克斯(Terence Hawkcs)在其著作《结构主义和符号学》中表示,奢侈品的"产品知识"体现为图片、标志和象征,配合解释者"创造指示关系",从而在人群中以图文信息广告、口口相传等形式流传,促使奢侈品加大传播力度。鲍德里亚·J.(Baudrillard J.,1988)则以商品符号价值作为切入点,他认为消费系统是基于符号(物品/符号)规则和差异的,而非需求和享受[86]。因此,奢侈品的消费归根结底其实是"符号消费",或者说是"知识消费",换言之消费者购买的并不是奢侈品本身,而是它所代表的"符号价值",也就是说奢侈品的奢侈之处在于它的"知识价值"而非狭义的使用价值。

对于中国本土奢侈品，必须将品牌塑造作为最终目的，以目标消费者为中心，提供契合目标客户需求的服务，以不断创新的产品设计满足不同客户的当下需求和潜在需求，并以始终如一的品质赢得消费者的青睐，长此以往使其对品牌产生信赖。拥有悠久历史的奢侈品品牌的产品都具有超一流的质量，产品生产的目标不是流水线式的量产，而是具有精美工艺和丰富文化精神的"收藏品"。以具有"钟表之王"美誉的百达翡丽为例，从1838年创立至今，它所发售的每款手表从设计到制造面世都需要5年左右的时间。

奢侈品品牌拥有独一无二的历史和文化，具备使消费者高价购买的魅力，其原因在于该产品能体现他们的精神、灵感和品位，这也是中国新奢侈品本土品牌价值培育的目标和方向。陈俊（2009）将新奢侈品定义为"外形识别度较高，具有适度品牌溢价的优质消费品"，他认为在新奢侈品这一概念中，"奢侈品"表示外形识别度较高，品牌溢价，而"新"则代表了关注和适当理性[87]。韩英（2010）指出新奢侈品是那些在同一产品门类中，既能满足消费者高质量、高品位和较高的情感诉求，又拥有相较传统奢侈品不那么高不可及的价格的产品或服务[88]。

因此，新奢侈品与名牌及一般品牌的区别在于其本身所代表的"品牌和文化"，通俗地说就是产品背后的故事。奢侈品的功能在于诠释消费者的生活方式以及对生活的态度。凯费洛（Kapferer J. N.，1997）认为，从符号角度来看，"奢侈品是美好事物的代名词，是具有一定功能性的艺术品，其产品不单是纯粹的物品，也是高品位的象征"[89]。李飞和刘茜（2004）认为，新奢侈品具备奢侈品的符号特征，其产品向消费者传达该品牌的格调、档次和美感，是消费的一部分[90]。霍尔布鲁克（Holbrook M. B.，1996）认为，产品的感知价值在于顾客与产品之间交互的价值判断偏好性体验[91]。基于此，本书提出如下假设。

H1：产品感知对购买意向具有正向影响。

2. 品牌感知

什么是品牌形象？它不仅仅是人们心中某一品牌的图象与概念的集群，也代表了消费者对该品牌所持有的态度。包装、标志是品牌的相貌，可以从视觉等方面传达品牌形象。产品质量、品牌的个性、品牌在世人眼中的样子则是品牌形象的精髓,是树立品牌忠诚度的重要因素。这些因素不但能够维持品牌在消费者心中的形象,还可以加深他们对该形象的记忆与好感。总之,品牌形象管理是从外到内的系统过程,是一个整体。

奢侈品,首先是品牌感知,其次是产品感知。西方传统奢侈品品牌因其独特的造型和卓越的商标,成为一种身份象征,并因此受到中产阶层和新富们的追捧。奢侈品是由那类具有我们期待的"故事"的物品组成的,消费、占有并凝思这类物品可以给我们带来平常物品交易所没有的满足感,并引起我们的注意力,甚至为我们提供长久的记忆。

也就是说,奢侈品所代表的不仅仅只是一种品牌,它更是一个故事,一种文化。历史文化和品牌故事赋予奢侈品无与伦比的吸引力,这种吸引力是任何普通商品都不具备的。消费者购买奢侈品的行为,从本质上来说就是对该品牌背后所蕴含的文化的追求与认同,以及品牌故事给消费者带来的情感共鸣和人生感悟。只有当品牌与历史、文化的气息水乳交融时,奢侈品才具备无可替代的吸引力[92]。

阿克(Aker D.,1991)系统地研究了品牌资产,并创造性提出品牌资产是由品牌知名度、品牌联想、品牌忠诚、感知品质及其他品牌专有资产这五个部分组成的五维度模型[93]。而达特茅斯大学塔克商学院(Tuck School of Business at Dartmouth)营销学教授凯文·莱恩·凯勒(Kevin Lane Keller)通过构建模型对品牌资产开展研究,该模型基于"关联网络记忆"理论,将品牌知识作为切入点构建基础模型,最终得出品牌知识由品牌节点和相关的链环组成的结论。何佳讯(2006)利用中国消费者品牌关系(CBRQ)量表,对中外企业品牌进行对比,挖掘出中外品牌资产差异的根源,结果显示在社会价值表达与溢价支付意愿方面,国际品牌处于劣势地位[94]。郭姵君(2008)在此基础之上,构建了奢侈品品牌资产的测量模型,该模型表明价格较高的品牌需将溢价支付意愿作为重要因素纳入考虑范围[95]。

新奢侈品品牌多为高端品牌,溢价性构成品牌的关键优势,是品牌价值的重要组成部分。对品牌感性的认知建立在对理性要素的认知之上,是培养品牌情感的表现。张峰(2011)提出了五维度模型,即品牌知名度、感知质量、品牌联想、品牌情感和品牌忠诚[96]。理查德·G.奈特迈耶(Richard G. Netemeyer)等(2004)认为,以消费者为基础的品牌资产的核心因素是溢价支付意愿[97]。BBDO广告公司(BBDO Company)搭建了基于消费者的优势品牌资产驱动模型,结果显示优势品牌的溢价支付意愿是一般品牌的1~4倍,两者具有显著的差异。郑文清和肖平(2011)以两个层次将品牌资产进行划,其中感知质量、品牌知名度、品牌联想归为第一层次,而品牌忠诚则构成第二层次,并且第二层次是建立在第一层次的基础之上的[98]。张俊峰(2008)和张有绪(2011)认为,品牌忠诚位于品牌资产的金字塔顶端,是消费者与品牌的心理契约的表现[99-100]。

奢侈品的价值不仅在于产品本身,更多的在于消费者的品牌感知和认同。许悦(2009)认为,相较于大众品牌,新奢侈品品牌的优势在于它兼具功能性、符号性和情感性[101],其实也就是"顾客心智"的对话,缩小品牌与顾客之间在情感和心理上的距离。还有学者对国内外相关研究成果进行总结归纳,提出从个人心理层面探讨消费者认知品牌的方式、过程和结构,以及由此形成对待品牌的态度和行为。郑文清和肖平(2011)认为,品牌感知质量、品牌知名度、品牌联想为品牌资产的第一层次要素[98]。在上述基础上,本书也参考了大卫·A.艾克(David A. Aaker)和凯文·莱恩·凯勒(Kevin Lane Keller)(1990)[102]的研究,使用"我很喜欢这个品牌,我购买这个品牌的产品"等题项。基于此,本书提出如下假设。

H2:品牌感知对购买意向具有正向影响。

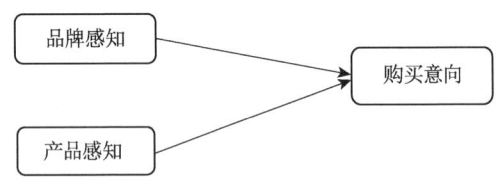

图 5-2　产品感知和品牌感知与购买意向影响关系

5.2.2　产品内涵与产品感知和品牌感知假设与模型构建

每一个产品在具备功能性的同时也不缺乏社会性,创新产品的过程也就是对产品本身功能性和社会性进行有效整合的过程,只有依托设计才能完成这一过程,将技术、社会文化和市场需求完美匹配(叶伟巍等,2013)[103]。有学者认为设计过程可以分为两个阶段:第一阶段称为文化主导阶段,主要对目标顾客的行为模式和态度进行分析,从而确定产品性能;第二阶段是技术主导阶段,在第一阶段的基础上对产品属性进行创造性解析,寻找产品的技术解决方案。基于此,本书首先从产品功能设计和产品语义设计两方面入手对设计驱动创新能力的要素进行分析。最后,切换至设计师视角对其进行分析。

1. 产品功能设计

设计作为一种人类行为,拥有悠久的历史,它的拉丁文是De+signer,表示制造某种产品,通过价格使之与其他商品不同,并赋予其独特的意义(余湘珍,2011)[104]。设计的本质是赋予产品意义。

具有特殊产品、诉说品牌和个体修饰三方面特质的产品成为奢侈品(刘晓刚等,2009)[105]。奢侈品首先是产品,拥有昂贵、精致、漂亮、令人喜爱、非必需性等特征。产品功能设计,用高品质展示其品位:没有一流的产品品质,就没有一流的品牌。虽然奢侈品品牌的无形价值远远高于其使用价值,但丧失了使用价值的产品也丧失了存在的生命基础。功能设计是基础,"奢侈品是美好事物的代名词,是兼具功能性的艺术品。它们代表的不单是物品本身,它们突显的是高品质"(Kapferer J. N.,1997)[89]。

人之所以持有某种态度,是因为该态度具有某些功能,如效用性、知识、价值表达或自我防御,这些功能满足并体现了人们对某种行为的需要。迪西(Deci E. L.)和贝特利(Betley G. K.)(1981)指出,功用性和享乐性是很多消费者行为中共有的二元性元素[106]。拉吉耶夫(Rajeev B.)和奥利(Olli T. A.)(1990)对态度的功用性和享乐性二维结构进行了阐述,提出消费行为是出于两个最基本的原因:一个是消费情感的满足,另一个就是出于工具性或功用性的目的[107]。态度的功用性、享乐性二元结构的观点被学者广泛接受,埃里克(Eric R. S.)等(1997)、马克(Mark J. A.)和克莉丝蒂(Kristy E. R.)(2003)、沃斯(Voss K. E.)等(2003),在其研究的基础上,对态度的功用性维度和享乐性维度的有效性进行了验证,并从不同角度对态度的功用性和享乐性维度的测量给予了补充[108-110]。

对于新奢侈消费行为的态度,有必要从享乐性和功用性角度出发:一方面,消费者追求新奢侈消费行为带来的愉悦、满足和享受;另一方面,随着新奢侈消费行为在人们生活中越来越广泛,消费者在实施新奢侈消费行为时同样也追求新奢侈消费所带来的利益、效用和功能等[西尔弗斯坦(Silverstein M. J.)、尼尔(Neil S. F.)(2003)][111]。因此,新奢侈消费态度也是功用性、享乐性二维结构的。

中国新奢侈品本土企业发展的根基是卓越的品质。奢侈品在造型、包装、颜色、商标等外观设计和形象的有形层面,要充分表现其"符号"特征,使产品符合"八零后"消费者彰显个性追求时尚的要求。奢侈品的价值在于它所展现的品位(文化传承、审美标准、风格取向等)和功能(包括实物功能和象征性功能)。实物功能也就是产品本身的物质性功能,象征性功能又分为产品符号(品质卓越、价格昂贵等)和社会符号(阶级及个人角色定位、实现自身价值等)两种。完美的产品,会成为所有同类产品的代名词(如 Nikon 常被用来指代照相机)[112]。

维甘提(Verganti R.,2003)认为,产品意义能够促使消费者购买产品。产品意义是设计初期需要处理的首要问题,是产品语义理论的核心[61]。还有学者认为在设计的每个环节中都有产品功能性的存在,从而使得最终产品满足用户的使用需求。罗宾·罗伊(Robin Roy)和约翰·C.k.h.里德尔(Johann C.k.h. Riedel)(1997)认为,运用新技术、提高产品性能、使产品易于使用、产品的通用性和可扩展性、风格、质量、成本这七个维度相互结合、共同作用,为产品设计做出卓越的贡献[113]。里卡多·希瓦(Ricardo Chiva)和华金·阿雷格(Joaquín Alegre)(2007)认为,设计要为产品提供一个可以容纳不同元素、材料和组件的良好结构[114]。克里斯滕森(Christensen J. F.,1995)指出设计与设计者的应用能力和美学能力息息相关[62]。闰多瓦(Rindova V. P.)和佩科娃(Petkova A. P.)(2007)认为,设计者在设计产品的过程中应考虑产品的功能性、美学特性和符号性[63]。基于此,本书提出如下假设。

H3a:产品功能设计对产品感知具有正向影响。

H3b:产品功能设计对品牌感知具有正向影响。

2. 产品语义设计

如今,奢侈品的价值既不在于产品的使用功能,也与其材质及工艺无关,对品牌符号的社会等级进行编码和传播才是它的核心价值。为何人们提到劳斯莱斯会想到尊贵，提到路易·威登马上想到经典，提到香奈儿会想到优雅，提到爱马仕会想到奢华，这难道仅仅只是营销的结果？没有产品背后的语义设计是不行的。一定是在消费者心目中根深蒂固、不断强化的。消费者满足自身利益需求的方式是购买产品，消费者通过产品购买行为，满足自身的利益需求，该利益包括情感和功能两个方面。情感利益有很多种，或是怀旧或是为得到社会尊重和自我满足。如"不在乎天长地久，只在乎曾经拥有"的铁达时(SOLVIL ET TITUS)腕表让历经沧海的人产生铭心刻骨的共鸣，就是一种给消费者提供的情感利益，如果缺少这种触动消费者内心深处的情感价值，铁达时就与普通的计时工具一般无二。犹如爱马仕卖的是使用此产品过程中给消费者带来的新感受。

语义更多属于心理延伸层面，奢侈品要营造的是拥有者的感觉。商品及其形象成为巨大的"符号载体"，刺激消费者的欲望，推动他们的行为选择，可能将消费变成一种没有理性的狂欢。这种消费行为使人们以物为载体来表达自己的一切意义。从本质上讲，产品的语义设计就是以"奢侈"为基调的生活主张和具有昂贵、精致、美丽、令人喜爱、非必需性等基本特征[115]。

当然，这一主张和特征也是随时代而变化的，三十年前的定义和主张与现在是不同的。也就是说，奢侈品不仅可以是一种产品，也可以是一种服务、一种经历或体验，具有张扬、使人身体舒适及精神愉悦等功能。

产品语义，当奢侈品与某一品牌关联密切时，人们就会生成一种强制性的语言社会的认知(费尔迪南，2009)[116]。在特定的语言社会中，人们将奢侈品的拥有者和使用者等同于其象征性意义，如劳斯莱斯汽车代表着身份、社会地位和财富等。罗兰·巴尔特在《符号学原理》一书中指出，人们的衣着、饮食、汽车、家具等商品，都是语言系统的一部分，都是一种符号[117]。在著名的《消费社会》中，法国学者让·鲍德里亚(Jean Baudrillard)也指出，商品及其形象已成为"符号载体"，人们对商品的兴趣并不只是产品功能本身，而且还包括与产品相联系的"意义"（象征性价值）。

维甘提(Verganti R.，2003)认为，产品意义包含人、环境和生活方式同产品之间的关系，能够促使消费者购买产品，是设计初期需要处理的首要问题，同时也是产品语义理论的核心[61]。产品语义设计是一门科学,它主要研究人造物体在使用情景下的象征特性,并利用符号学原理将此种特性运用到设计中。张伟(Chang W.)和徐英恩(Hsu YEN)(2005)认为,在对产品进行设计的时候,诸多因素都应该纳入考虑,如品位、消费者的生活习惯、当地文化、健康和环保等[118]。布鲁斯(Bruce M.)等(2007)则强调产品设计过程中消费者习俗和审美的影响[119]。

产品语义设计为品牌个性赋予灵魂。比如:从2005年合作至今,Interbrand品牌咨询公司帮助万科(CHINA VANKE)通过系统的品牌评估、创造及管理,真正为万科品牌赋予灵魂。因此,奢侈品的消费归根结底其实是"符号消费",或者说是"知识消费",换言之消费者购买的并不是奢侈品本身,而是它所代表的"符号价值",也就是说奢侈品的奢侈之处在于它的"知识价值"而非狭义的使用价值。

当然,中国培育新奢侈品本土品牌在产品开发中要兼顾功能设计和语义设计。我国培育新奢侈品本土品牌与在华奢侈品比较,可以发现,两者在核心设计创新能力方面差距明显,主要表现为"语义创新能力和功能设计能力"的不均衡不协调。企业的设计创新能力可细分为两个部分:产品语义创新能力和产品功能设计能力,两者对创新绩效的影响都是显著的[103]。基于此,本书提出如下假设。

H4a:产品语义设计对产品感知具有正向影响。

H4b:产品语义设计对品牌感知具有正向影响。

3. 产品交互设计

无论是对产品的功能还是语义进行设计,其对象都是产品。在产品日趋同质化、市场竞争越来越激烈的现在,传统的与消费者沟通的方式遇到不同以往的新挑战。消费者可以通过多种媒介获取大量知识和信息,这也使得他们坚信自己的判断。在这种情况下,企业怎样才能缩短与消费者之间的距离?怎样才能与消费者进行准确有效的沟通和交流以推动他们感知产品和品牌呢?与以往关注形式的传统设计学科不同,交互设计更在乎产品的内容和内涵,更关注其规划描述事物的行为方式,并在各种行为方式中规划出最有效的一种对该行为进行描述传达。交互设计与人、产品、环境和系统各方面的行为都有关联,它会设计并定义这些行为的外形元素[120]。"交互式系统的开发方法,其整个设计过程都需要围绕用户展开,需要用户参加整个系统设计和开发的过程,在关注系统可用性的同时,更要关注用户对它的满意程度"这是 ISO 13407(1999)对交互设计的定义[121]。

随着体验经济的到来,企业逐渐加强了对用户体验的关注。交互设计是一个过程,一个不断解决产品和用户互动机制的过程,这个过程包含用户需求和用户体验两个重要方面(Ben S.,1992)[122]。在设计实践中,通过构建基于使用者的情境,站在用户的立场上,以他们的体验分析其需求,帮助设计者面对新产品设计的挑战、解决设计者与用户之间的认知。"科技、市场和使用者需求三者的有机整合,使得企业能够最大程度上提供符合使用者需求的产品。"[123-124]交互设计的客观与主观是用户的情感体验的两个主要的层面。对于情感和体验设计而言,找到一种合适的方法对情境感知交互设计的过程进行指导,以满足情景设计结构化和富有可操作性的需求是当务之急。

交互设计是一种通过建构特定的场景来和消费者进行沟通,从而与消费者进行情感交流的新型设计方式。互联网时代的加持,让消费者参与、互动成爆炸式增长。仅仅是购买产品已经无法满足消费者多样化的消费需求,通过和产品互动进而获得精神层面的体验和沟通成为了当代新消费趋势,如寻求刺激性体验、挑战自我、获得个人成就感或仅仅是为了获得乐趣。设计驱动创新的核心在于将技术、产品和用户体验整合在一起,此时用户的产品系统构成或者是每个子系统的设计厂家已经不再重要,消费者在意的是整个产品是否可以带来一次愉快的体验。以苹果最经典的产品 iPad 为例,成功之处在于它给了用户全新的音乐体验,iPad 的问世让苹果公司的销售额从 2002 年到 2013 年十多年间从 57 亿美元上升到 1565 亿美元。可以看出,产品的转型升级,就是要让产品从一种简单的产品和服务,上升为一种给人无论是生理还是心理都带来舒适和愉悦、张扬的用户体验。基于此,本书提出如下假设。

H5a:产品交互设计对产品感知具有正向影响。

H5b:产品交互设计对品牌感知具有正向影响。

当然,无论是产品功能设计、产品语义设计还是设计师,最终都是为了提升产品感知和品牌感知。为此,本书提出如下设计驱动模型,如图 5-3 所示。

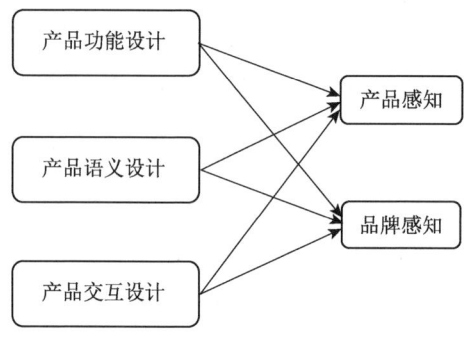

图 5-3　设计驱动产品感知和品牌感知

5.2.3　全概念模型构建

汇总以上 8 个假设，如表 5-1 所示。

表 5-1　设计驱动创新研究假设汇总

序号	研究假设
H1	产品感知对购买意向具有正向影响
H2	品牌感知对购买意向具有正向影响
H3a	产品功能设计对产品感知具有正向影响
H3b	产品功能设计对品牌感知具有正向影响
H4a	产品语义设计对产品感知具有正向影响
H4b	产品语义设计对品牌感知具有正向影响
H5a	产品交互设计对产品感知具有正向影响
H5b	产品交互设计对品牌感知具有正向影响

同时，形成全概念设计驱动创新绩效模型（待检验），如图 5-4 所示。

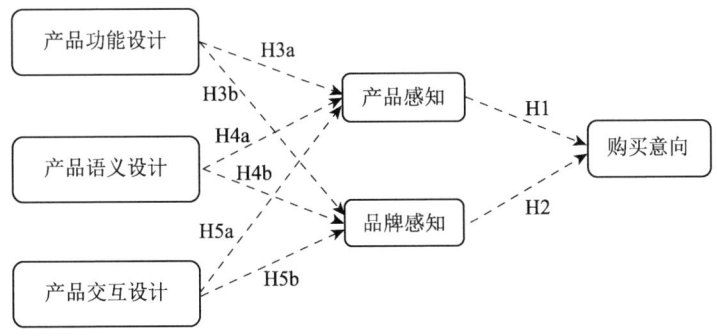

图 5-4 设计驱动中国培育新奢侈品本土品牌创新绩效模型(待检验)

5.3 设计驱动创新与中国新奢侈品本土品牌培育路径的实证分析

5.3.1 数据收集、问卷设计和样本统计

1. 数据收集

针对本书研究的问题性质和特征,我们采取更具体的调研和数据收集,如在问卷发放前,就聚焦在中等收入以上的人群,不仅让问卷范围得以缩小,也更符合本书研究的特点。在此过程中,我们采取两种方法来进行调研问卷的收集:一是项目组成员集中在上海杨浦区五角场商圈(巴黎春天、百联又一城、万达广场等),邀请顾客当场填写问卷并当场回收;二是通过复旦大学、同济大学和华东理工大学等高校 EMBA 学生及其同学、亲友展开。调研问卷的对象都具有一定学历和工作年限,尤其是在熟人圈子中填写,增加了数据采集的可信度和有效性。正式调研于 2014 年 4 月—2015 年 5 月进行;2015—2016 年期间,先后补充几次验证性调研,各项验证数据都符合预期。每次调研结束,都会向被调研人员表示感谢,如赠送问卷小礼品或分享后续调研结果等。

数据收集工作是一项很有挑战性的工作,往往一厢情愿的数据收集工作效果不会很理想,尤其是目标群体是否可信和有效,都给实证分析研究工作者提出很大的挑战。此调研期间回收的问卷有 242 份,其中需要把一些不完整的问卷排除出去,包括遗漏项、少选或多选等,实际收集到的有效问卷 215 份,有效问卷回收率为 89%,如表 5-2 所示。考虑到本书研究需要检验不同来源样本的差异性,一般进行 t 检验来验证数据是否可靠。研究结果发现两组问卷样本在测量选项上没有明显不同,即数据中不存在无回应偏差,也就可以在后续数据处理中合并使用。

表 5-2 问卷样本基本情况的描述性统计

样本基本情况		频数	百分比	样本基本情况		频数	百分比
受访者工作年限	3 年及以下	11	5%	个人月收入	3000 元以下	8	4%
	4~10 年	129	60%		3000~5999 元	15	7%
	11~20 年	64	30%		6000~9999 元	79	37%
	20 年以上	11	5%		10000~19999 元	88	41%
性别	男	116	54%		20000~49999 元	13	6%
	女	99	46%		50000 元及以上	11	5%
年奢侈品消费金额	5000 元以下	15	7%	受访者年龄	29 岁及以下	43	20%
	5000~9999 元	60	28%		30~39 岁	82	38%
	10000~49999 元	88	41%		40~49 岁	77	36%
	50000~99999 元	28	13%		50~59 岁	9	4%
	100000 元及以上	24	11%		60 岁及以上	4	2%

2. 问卷设计

为了保证问卷的合理性,先后在上海杨浦区五角场商圈(巴黎春天、百联又一城、万达广场等)以及复旦大学和同济大学 EMBA 学生中进行了一次小范围的预调查,并在此基础上对题项设计和问卷用词进行了修订。调研获得了我的导师、学院老师、博士生同学和华东理工大学传媒学院本科学生的帮助。

3. 样本统计

样本中,工作 3 年及以下的问卷填写人有 11 人(占 5%)、工作 4~10 年的有 129 人(占 60%)、工作 11~20 年的有 64 人(占 30%)、工作 20 年以上的有 11 人

(占5%),基本符合目前"七零后"和"八零后"的消费主流年龄段特征。同时,问卷填写人个人月收入在3000元以下的有8人(占4%)、在3000~5999元的有15人(占7%)、在6000~9999元的有79人(占37%)、在10000~19999元的有88人(占41%)、在20000~49999元的有13人(占6%)、在50000元及以上的有11人(占5%),问卷填写人收入分布合理,符合目前的中产阶层收入现状。一方面,在很大程度上保证了此问卷回答的真实性和可靠性;另一方面,也间接说明奢侈品的"大众消费化"趋势明显。

5.3.2 测量指标和信度效度检验

研究变量的测量包括相应的指标等,也就是具体展开的问题项,是实证研究的核心,也是基于问卷调研的实证分析能否成功的核心要素,对于无论是结构方程(SEM)还是基于SPSS工具的线性回归分析来说都是如此。本书测量指标的选择还是比较保守,延续前人比较使用过的量表为依据展开,当然,也会结合本问卷设计进行适当调整,如产品功能设计和产品语义设计、品牌感知和产品感知,都是结合前人已经使用过的量表。购买意向测量量表在借鉴了前人学者文献研究成果[多德(Dodds W.B.)等(1991)、蔡特哈姆尔(Zeithaml)等(1996)][125-126]的基础上设计了7个题项等。可以看出,本书所用量表具有较好的内容效度。同时,本书和以往一样,继续采用7级李克特量表(7-point Likert scale),让问答者根据其自己情况与量表题项描述的符合程度,从"完全不同意"到"完全同意"分别给予1分至7分的评价。本书继续采用问卷填写人的年龄和家庭年收入等作为控制变量。在本书中,问卷所有题项(自变量和因变量)一起做因子分析进行检验。

表5-3 量表的测量指标、信度和收敛效度检验

潜在变量	题项	因子载荷	Cronbach α 系数
产品功能设计 F	产品和技术很适用,让我满意	0.892	0.887
	产品结构和溢价合理,让我能接受	0.892	
	产品的材质和功能让我满意	0.872	
	产品工艺精致、品质卓越	0.887	

(续表)

潜在变量	题项	因子载荷	Cronbach α 系数
产品语义设计 M	产品设计让我觉得有故事	0.694	0.726
	产品设计有助我的社会形象提升	0.809	
	产品设计符合我的审美和习俗	0.736	
	产品设计让我觉得有品位和有个性	0.645	
产品交互设计 I	产品使用让我舒适方便并能感到愉快	0.759	0.759
	产品设计更理解我的需求和考虑我的感受	0.816	
	产品互动和体验让我获得更好的产品认知	0.821	
	产品互动和体验让我获得更好的品牌认知	0.752	
	产品互动和体验让我兴奋和愉悦	0.713	
产品感知 PT	产品设计精致,有美感	0.818	0.818
	产品有文化和故事	0.884	
	产品让我很愉悦并打动我	0.818	
	产品能打动我,并让我觉得有价值	0.629	
品牌感知 BT	产品品牌能打动我,让我有好的感觉	0.771	0.872
	产品品牌让我有惊喜	0.879	
	我对该品牌很认可和感觉很好	0.878	
	我喜欢和接受该产品品牌,愿意购买其产品	0.872	
购买意向 PI	未来我有购买的意愿	0.765	0.788
	我愿意再次光顾和购买	0.835	
	我对产品很满意并会持续关注	0.788	

1. 信度和效度分析

通过表变量 α 系数可以看出,各变量的 Cronbach α 值均高于 0.78,表明本书的各变量的计量尺度较可靠,完全符合本书研究的要求。

利用 SPSS16.0 运行整体样本数据,得到 KMO and Bartlett 球形检验,其中 Bartlett 值 $=1176.199$,自由度 $df=78$,检验的显著性概率 $p=0.000$,表明相关矩阵不是一个单位矩阵,适合进行因子分析。本书研究 KMO 指数为 0.755,属于良好等级(KMO>0.7),表明可以对样本数据进行因子分析。

同时,从表 5-4 因子解释总方差可以看出,特征值>1 的有 3 个,这 3 个因子累积解释的方差占总方差的比例达 67.325%,能够很好地解释原有变量中所包含的大部分信息。因此,可以确定从该量表中提取 3 个因子。

表 5-4 因子解释总方差

成分	初始特征值			提取平方和载入			旋转平方和载入		
	合计	方差的	累积	合计	方差的	累积	合计	方差的	累积
1	4.896	38.338%	38.328%	4.898	37.432%	39.138%	3.109	24.290%	23.980%
2	1.971	14.512%	53.172%	1.899	14.128%	54.163%	3.282	24.101%	46.382%
3	1.526	12.219%	64.482%	1.566	12.228%	65.292%	2.113	16.980%	67.325%
4	0.8213	6.138%	71.320%	—	—	—	—	—	—
5	0.752	5.688%	75.887%	—	—	—	—	—	—
6	0.587	4.485%	80.043%	—	—	—	—	—	—
7	0.546	4.178%	84.321%	—	—	—	—	—	—
8	0.477	3.693%	87.424%	—	—	—	—	—	—

提取方法:主成分分析。

同时,从表 5-5 旋转后的量表成分矩阵可以看出,各个变量在各自归属的公共因子的载荷均较高(>0.6),而在其他公共因子的载荷均较低。因此,该量表及其数据具有较好的聚合效度和区别效度。

表 5-5 旋转后的量表成分矩阵

	旋转成分矩阵[a]		
	成分		
	1	2	3
功能 1	0.017	0.019	0.737
功能 2	0.089	0.121	0.829
功能 3	0.225	−0.013	0.718
功能 4	0.278	0.187	0.678
语义 1	0.078	0.825	0.215

(续表)

	成分		
	1	2	3
语义2	0.189	0.789	−0.004
语义3	0.124	0.812	0.088
语义4	0.336	0.716	0.162
交互1	0.792	0.257	0.281
交互2	0.849	0.138	0.135
交互3	0.878	0.245	0.128
交互4	0.891	0.257	0.149
交互5	0.858	0.235	0.138

提取方法：主成分。
旋转法：具有Kaiser标准化的正交旋转法。

注：[a] 表示旋转在5次迭代后收敛。

2. 变量描述统计

本书采用SPSS16.0软件对所提假设以验证，根据中介效应检验程序；第一步检验因变量、中介变量和结果变量之间是否两两相关；第二步检验中介变量是否有效，也就是设计驱动创新的路径影响是否成立。

一般在数据分析的时候，先要对数据进行描述性统计分析，来检查其内在的规律和预判，之后再进一步分析。本书采取SPSS统计软件，包括本书中相关变量的均值和标准差等，具体统计结果如表5-6所示。从相关测量指标的平均值和标准差来看，本次样本数据所有测量指标的均值在4.3984～5.0676、标准差在0.91172～1.41271。由此可以判断，样本数据分配集中且离散状态较好，完全可以进行下一步分析。本书对调查总体所有变量的有关数据做统计性描述指标主要包括平均值和标准差。同时，变量之间的Pearson相关系数，如表5-7所示。

表 5-6　变量的描述性统计

变量	均值	标准差
产品功能设计	5.1276	0.90112
产品语义设计	4.7231	1.12075
产品交互设计	4.8217	1.1241
产品感知	4.9812	1.28195
品牌感知	4.5412	0.95133
购买意向	4.8124	1.31087

表 5-7　变量间相关系数

	1	2	3	4	5	6	7
1. 年龄							
2. 家庭月收入	0.237*						
3. 产品功能设计	0.099	0.088					
4. 产品语义设计	−0.144	−0.228	0.042*				
5. 产品交互设计	−0.155*	−0.111	−0.175*	0.247**			
6. 产品感知	0.136	0.028	0.259	0.106	−0.101*		
7. 品牌感知	−0.228*	−0.009*	−0.163	0.391**	0.480*	−0.156*	
8. 购买意向	0.277**	0.065*	0.193*	−0.141**	−0.325**	0.354**	0.437**

注：** 表示相关系数在 0.01 水平上显著，* 表示相关系数在 0.05 水平上显著，都是双尾检验。

5.3.3　实证结果分析

1. 中介变量和回归分析

据巴伦(Baron R. M.)和肯尼(Kenny D. A.)(1986)的观点，中介作用应符合的条件为：①自变量对中介变量具有显著的预测效果；②自变量对因变量具有显著的预测效果；③同时将自变量与中介变量加入回归模型以预测因变量，中介变量具有显著的预测效果，但自变量的预测效果会显著下降，若下降后，自变量对因变量没有显著的预测效果，则为"完全中介"。[127] 参照以上条件，运用层次回归统计技术进行分析，结果表明如下。

(1) 第一次回归分析:把中介变量产品感知和品牌感知分别作为因变量,放进自变量产品功能设计、产品语义设计和产品交互设计进行测试。可以看出,产品功能设计和产品交互设计(自变量)都对产品感知(中介变量)具有显著影响($\beta=0.232, p<0.05; \beta=-0.080, p<0.05$);同时,产品语义设计和产品交互设计(自变量)对品牌感知(中介变量)具有显著影响($\beta=0.308, p<0.05; \beta=0.373, p<0.05$)。

由此可以看出,中介作用的第一个条件成立,分别如表5-8和表5-9所示。

表5-8 品牌感知作为因变量的回归系数

模型		非标准化系数		标准系数	t	$Sig.$
		B	标准误差	试用版		
	(常量)	4.65	0.575	—	7.653	0.000
	年龄	0.018	0.018	0.089	0.987	0.319
	收入	0.000	0.000	−0.113	−1.215	0.260
	功能设计	−0.179	0.079	−0.232	−2.210	0.058
	语义设计	0.268	0.094	0.080	2.768	0.036
	交互设计	−0.252	0.083	−0.211	−2.712	0.038

注:[a]表示因变量中的产品感知。

表5-9 产品感知作为因变量的回归系数

模型		非标准化系数		标准系数	t	$Sig.$
		B	标准误差	试用版		
	(常量)	5.634	0.479	—	8.332	0.000
	年龄	0.056	0.015	0.284	3.313	0.201
	收入	0.000	0.000	0.021	0.219	0.828
	功能设计	−0.186	0.073	−0.219	−2.191	0.005
	语义设计	0.156	0.081	0.308	2.613	0.047
	交互设计	−0.162	0.075	−0.373	−2.312	0.048

注:[a]表示因变量中的品牌感知。

（2）第二次回归分析：把购买意向作为因变量，放进自变量产品功能设计、产品语义设计和产品交互设计进行测试。可以看出，产品功能设计、产品语义设计和产品交互设计（自变量）都对购买意向（因变量）具有显著影响（$p<0.05$）。由此可以看出，中介作用的第二个条件成立，如表 5-10 所示。

表 5-10 购买意向作为因变量（针对 3 个自变量）的回归系数

模型	非标准化系数		标准系数	t	$Sig.$
	B	标准误差	试用版		
（常量）	5.353	0.466	—	11.493	0.000
年龄	0.032	0.014	0.188	2.238	0.026
收入	0.000	0.000	0.158	1.895	0.060
功能设计	−0.151	0.068	−0.159	−2.213	0.028
语义设计	0.132	0.078	0.131	2.115	0.049
交互设计	−0.252	0.064	−0.312	−3.944	0.000

注：[a] 表示因变量中的购买意向。

（3）第三次回归分析：把中介变量产品感知、品牌感知和产品功能设计、产品语义设计、产品交互设计一起作为自变量，把购买意向作为因变量进行测试。可以看出，中介变量产品感知、品牌感知对购买意向具有显著影响（标准化回归系数和显著性分别为：$\beta=0.265$，$p<0.005$；$\beta=0.293$，$p<0.005$）；而 3 个自变量（产品功能设计、产品语义设计、产品交互设计）对购买意向的影响变得不显著（标准化回归系数和显著性分别为：$\beta=0.039$，$p>0.05$；$\beta=-0.003$，$p>0.05$；$\beta=-0.127$，$p>0.05$），如表 5-11 所示，第三个条件成立，满足完全中介要求。

表 5-11 购买意向作为因变量(针对 5 个自变量)的回归系数

模型	非标准化系数		标准系数	t	Sig.
	B	标准误差	试用版		
(常量)	4.320	0.557	—	6.457	0.000
年龄	0.017	0.013	0.107	1.419	0.178
收入	0.000	0.000	0.181	2.338	0.026
功能设计	−0.087	0.071	−0.0039	−1.398	0.155
语义设计	−0.031	0.074	−0.0003	−0.463	0.649
交互设计	−0.015	0.062	−0.127	−1.411	0.158
产品感知	0.189	0.071	0.265	2.631	0.010
品牌感知	0.231	0.089	0.293	2.532	0.013

注:[a]表示因变量中的购买意向。

2. 实证检验

基于上述分析,当品牌感知和产品感知满足三个条件的时候,它们才具备中介功能。也就是说,设计驱动创新的路径影响是有效,即图 5-1 的概念模型路径是成立的。综上所述,上述 8 个假设都获得了实证支持,得到验证,如表 5-12 所示。

表 5-12 研究假设和检验支持

序号	研究假设	是否支持
H1	产品感知对购买意向具有正向影响	支持
H2	品牌感知对购买意向具有正向影响	支持
H3a	产品功能设计对产品感知具有正向影响	支持
H3b	产品功能设计对品牌感知具有正向影响	支持
H4a	产品语义设计对产品感知具有正向影响	支持
H4b	产品语义设计对品牌感知具有正向影响	支持
H5a	产品交互设计对产品感知具有正向影响	支持
H5b	产品交互设计对品牌感知具有正向影响	支持

至此,设计驱动中国培育新奢侈品本土品牌创新绩效模型假设得到检验,原先待检验的表示部分中介的虚线箭头变成表示完全中介的实线箭头,如图 5-5 所示。

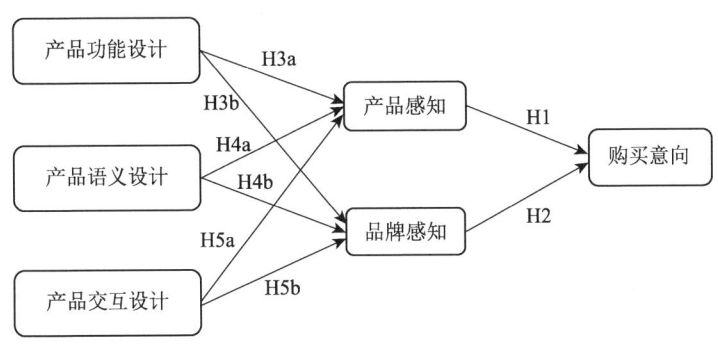

图 5-5 设计驱动中国培育新奢侈品本土品牌创新绩效模型

3. 结果分析

通过进一步分析上述模型的实证研究数据,可以发现设计驱动创新的一些特点,具体如下。

其一:产品功能设计对消费者产品感知影响显著,产品语义设计对消费者品牌感知影响显著。

只有协调均衡产品语义设计和产品功能设计的新产品才能在日趋激烈的市场竞争中处于优势地位。产品的基础是功能设计,但功能设计只能带来产品性能和产品形态的"量变",无法实现"质变"型创新。与产品功能设计不同,产品语义设计从产品与人、产品与社会的角度入手,深层次挖掘用户购买使用产品的心理和文化,在产品意义上实现突破性创新,在产品与消费者之间建立情感联系,准确有效地将产品文化和企业文化传递给顾客,使其在品牌感知过程中获得精神上的满足和认同。

针对当前市场需求,通过传统市场调研和用户研究可以发现,中国消费者开始厌倦甚至抵触那些品牌符号显眼的奢侈品大牌,转而青睐具有个性化的隐性奢华。因此,产品进行功能设计时必须要考虑到这点。当然,产品不仅具有功能性,还具有社会文化性。

消费者选择奢侈品的原因在于它的独特个性,这种个性是大众商品所不具有的。因此,奢侈品的追求不应停留在质量和性能方面,更多的应该是情感和精神层面的表达。其在营销的时候应突出品牌的独特个性,使消费者在奢侈品的购买、体验和售后服务过程中,感受到品牌的独树一帜,获得购买奢侈品的精神满足感。相较于欧美国家,目前中国的奢侈品消费市场处于初级发展阶段,人们还未形成成熟的消费意识和消费观念,不能深入透彻的理解奢侈品品牌。不同国家/地区对奢侈品的态度和偏好比较如表5-13所示。

表5-13 不同国家/地区对奢侈品的态度和偏好比较

	德国	中国	中国香港	法国	英国	瑞士	美国	日本	意大利
自由	15%	14%	63%	45%	28%	29%	77%	15%	38%
时尚	15%	13%	70%	58%	28%	29%	46%	28%	43%
历史悠久	46%	80%	13%	40%	58%	45%	15%	13%	44%
浪漫	11%	9%	30%	89%	26%	29%	23%	12%	53%
精确	72%	26%	9%	8%	41%	38%	11%	54%	11%
奢侈品设计	6%	6%	30%	52%	24%	39%	23%	9%	45%
时装设计	2%	7%	45%	56%	24%	26%	32%	21%	45%
工业设计	8%	17%	10%	8%	36%	39%	35%	40%	14%
文化底蕴	38%	69%	19%	43%	51%	41%	16%	21%	44%
艺术品位	17%	16%	19%	54%	31%	30%	16%	1%	56%
调研人数	310	257	307	452	346	345	293	237	393

其二:产品交互设计同时对产品感知和品牌感知具有显著的影响。

交互设计从三个层次满足人和物交互的需求,分别为人和物简单的交互、复杂更多功能的交互、情感和精神层面的交互,这种需求的满足通过设计来实现,使之在原有的功能设计和语义设计上向前更进一步,消费者产品感知和情感感知的获取是从用户和交互体验的视角出发的。交互设计是一种让产品便于使用,有效且带来愉悦的技术,它令用户使用产品的过程变得舒适方便,从而获得愉快的使用体验。当然，交互设计还包括要考虑用户的期望，通过各种方法打造从产品到品牌的路径和烙印，若受众被吸引，主动参与到互动和体验设计中，自然会在潜意识中接受产品的信息和品牌的信息，甚至在各自的社交媒体上转发和传播。从企业的角度出发，最终顾客不仅仅只是消费者，也是合作伙伴，可以一起合作共同创造价值。如今的网红带货直播是最直接的案例，主播一方面作为消费者使用企业的产品，另一方面他作为企业的合作者，将使用体验良好的产品推广给更多的消费者。

综上所述，设计驱动创新从本质来说，其实就是一种创新要素重新整合的过程，它将技术、市场和用户需求、产品语义三方面的相关知识作为整合的对象。中国本土企业和中国新奢侈品本土品牌与跨国公司的差距，表面看起来是产品的差距和品牌的差距，其背后实质也是设计的差距。一直以来，国内企业重研发轻设计的观念还存在，认为设计仅仅只是外形，只是美观。通过本书研究可以看出，其实设计也是核心竞争力，是驱动创新和产品转型升级的核心。

5.4 小结

5.4.1 后金融危机时代全球制造业发展

在2008年金融危机之后，美国政府马上意识到制造业在国家经济中的重要性，认为制造业是国家竞争力最重要的组成部分，于是出台了一系列振兴美国制造的国家计划，从2009—2012年，先后出台多部政策来启动"先进制造业国家战略计划"，力图实现美国的"再工业化"国家战略。从这个视角也可以看出，2019年至今，美国对华为的打压，也可以看作是前期政策的延续，只是"手法"不一样。

同时，作为美国制造业代表的通用（GM）、特斯拉等，也率先提出"工业互联网"概念，希望通过生产设备与IT相融合，目标还是通过数字赋能（如传感器、互联网、大数据收集及分析技术等的组合），来实现现代制造或者美国制造的地位。2020年5月30日，特斯拉旗下的美国太空探索技术公司（Space X）和美国国家航空航天局（National Aeronautics and Space Administration，简称NASA）合作，利用龙飞船(Dragon)将两名宇航员送往国际空间站,从这一点就可以看出美国制造的国际领先优势。当然,龙飞船简洁的舱内大屏设计,也赋予了设计驱动创新更多意义。

美国强势回归制造业,受影响最大的必然是两个国家,一个是制造业大国——中国、一个是制造业强国——德国。德国是在 2013 年"工业 4.0"战略(Industry 4.0)即"在一个智能、网络化的世界"里,借助数字赋能打造物联网和服务网(the Internet of Things and Services),将其渗透到所有的关键领域。未来整个制造领域中,数字赋能无处不在,信息化、自动化、数字化贯穿整个产品生命周期,从"边缘侧"到"端到端"等。无论是数字赋能还是工业 4.0,本质都不是创造新的工业技术,而是力图集成创新,用所有与工业相关的技术、销售与产品体验,来构建具有适应性、资源效率及人因工程学的智慧工厂,并整合商业流程及价值流程中的客户和商业伙伴到一个平台上来。这些举措和商业思维模式,对中国制造未来转型和高质量发展是很好的启示。

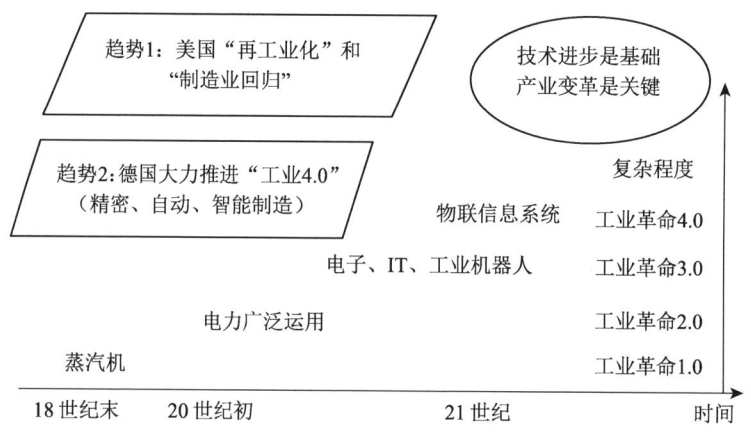

图 5-6　全球经济和科技发展新趋势

5.4.2 "十九大"对制造业强国的阐述和愿景

进一步回顾我国这些年制造业发展,党的"十六大"早就提出了"以信息化带动工业化,以工业化促进信息化"的指导思想,"两化"概念也首次出现。之后,"十七大"进一步提出"大力推进信息化与工业化融合",两化融合的概念就此形成。同时,"十八大"报告进一步提出和深化,如"推动信息化和工业化深度融合",可以看出,两化深度融合已经上升到与"新四化"的同等高度,成为国家重要的战略目标。

我国制造业产值已经连续九年排在全球首位,可谓名副其实的制造业大国。当然,与制造业强国还是有很大距离。从美国先后制裁中兴(ZTE)、华为就可以看出,我国制造业在诸如芯片、半导体等原创高科技上差距还是很大,典型的如光刻机。可以看出,当下中国制造最大的发展战略就是该如何从制造业大国向制造业强国转变?当然,这个过程不是一蹴而就的,需要顶层设计,也需要创新,尤其是全方位创新来提升中国制造各领域的综合水平。而创新则需要一种复合生态系统,包含潜心进取、开拓实干的科学精神。具体如图5-7所示。

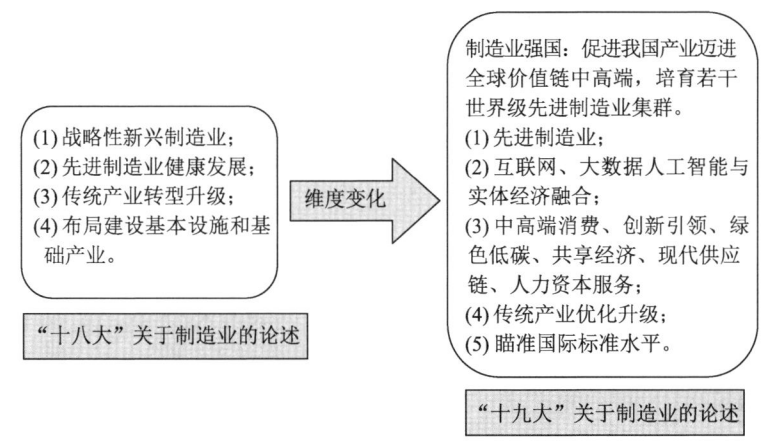

图 5-7 "十八大"和"十九大"对制造业强国的阐述

当前,科技革命和产业变革交汇,国际产业分工格局也在重塑,都预示我国必须加快转变经济发展方式来回应时代发展要求。为此,未来必须进一步抓住数字赋能和工业互联网等重大机遇,实施制造业强国战略,加强顶层设计并落实,力争通过15~30年的发展,到2025年再上一个台阶,并迎接新中国一百年,为中华民族伟大复兴打下坚实的产业基础。

5.4.3　四次工业革命背景下设计驱动创新与中国新奢侈品发展

1. 四次工业革命背景下设计驱动创新

设计驱动创新从本质上来说,其实就是一种创新要素重新整合的过程,它将技术、市场需求和产品语义三方面的相关知识作为整合的对象。维甘提(Verganti R.,2003)认为,创新除了传统的技术推动和市场拉动这两种模式之外,还存在第三种也就是设计驱动型创新,它其实就是在新产品开发过程中,由产品语义的创新带动技术和市场创新的新型创新模式[61]。

工业设计的前提是维护人类生存发展的自然环境,依托现有的科学技术成果,最终目标是创建和提升工作环境、生活品质,从而推动人类文明的发展进步。当然,对于本土企业来说,设计不是今天才有的,早在20世纪80年代工业设计就传入我国并得到迅猛发展。为何在当下又进一步突出设计驱动创新的意义?这也是本书的创新点。进一步比较四次工业革命及其背景,就可以看出奢侈品和设计之间的关系特征,如表5-14所示。

表5-14　四次工业革命背景下奢侈品与工业设计特征比较

	第一次工业革命	第二次工业革命	第三次工业革命	第四次工业革命
时间	1765年开始	19世纪下半叶	20世纪四五十年代以来	21世纪第1个十年
工业革命特点	蒸汽时代	电气时代	信息技术(PC到移动互联)	智能(移动互联到大数据)
奢侈品发展特征	感官刺激	感官刺激	文化感知	交互体验
工业设计发展特征	产品层面	产品层面	关系层面	理念和情感层面

在第一次工业革命和第二次工业革命背景下,奢侈品发展特征还是停留在产品层面,停留在感官刺激层面。第三次工业革命,包括工业设计刚进入我国的20世纪80年代,随着信息技术和互联网出现,包括从PC时代逐步进入移动互联时代,奢侈品和工业设计进入文化感知和关系层面。进入21世纪,从移动互联时代进入大数据时代的今天,设计发生本质改变。在大数据和互联网环境下,中国新奢侈品本土企业的整个网络都在更大的层面上嵌入所属社会结构中[格拉诺维特

(Granovetter M.,1985)、乌兹(B. Uzzi,1997)][128-129]。因此,对我们的中国新奢侈品本土品牌培育,必须通过设计(包括沟通设计)驱动创新,抓住消费者参与中国新奢侈品本土品牌培育的动机和内在需求的信息,实现从产品沟通到关系沟通再到理念与情感沟通。

2. 中国本土新奢侈品发展与我国制造高质量发展机遇与挑战

制造业是每一个国家经济的主体,是立国之本和强国之基。英国和美国等世界强国的兴衰史和过去一百年中华民族的曲折发展,无一不说明,雄厚的制造业是支撑一个国家或民族强盛的基石。建国七十多年来,我国制造业快速发展,建成了门类齐全、独立完整的制造产业体系,极大促进和推动了我国现代化和工业化演进以及综合国力的显著提升。当然,我国制造业与世界发达国家相比,差距还是很大,毕竟我们要用短短几十年的历程走过西方国家两百年的工业化历程,后续我国制造业转型升级和高质量发展的需求更为急迫。

改革开放四十多年来的快速发展,我国制造业规模跃居世界第一位,持续的技术创新,也大大提高了我国制造业的整体产业竞争力。尤其是一批重大技术装备的传统制造取得突破,到今天的新基建投入,我国已为进一步建设工业强国奠定了基础。

2020年,新冠疫情对全球经济的冲击,至今在许多国家仍未得到根本缓解,使得全球产业链、供应链重塑已经成为世界经济发展的明显趋势,中国制造业如何面对后新冠疫情时代的全球产业链重构呢?当前,我国仍处于工业化进程中,与先进国家相比还有较大差距。中国虽然号称"世界工厂",可是规模上的辉煌难掩我们制造品质上的瑕疵。中国制造业面临的自身问题,就是我们不得不面对的低端锁定及其升级路径锁定。当然,我们完全可以尝试化被动为主动,充分利用中国制造业的最大特征,寻求数字赋能背景下的突破,也就是本书重点关注的从设计和数字媒体传播融合创新视角寻求中国新奢侈品本土品牌培育,利用好中国制造规模大、体量大和体系全的特点。总之,中国经济要实现高速增长向高质量发展转变,制造业必须实现中国制造向中国创造转变、中国速度向中国质量转变、中国产品向中国品牌转变,进而完成中国制造由大变强的战略任务。

同时,我国现在的产业体系存在较大的问题。一方面,在国民经济中占比较小的新兴产业快速成长；另一方面,目前我国需求不足、产能过剩加上激烈的全球竞争,导致传统产业走"下坡路"。换句话说,作为国民经济支柱的传统产业在衰败,而我国快速发展的新兴产业其实是发达国家的优势产业,在发展过程中必然会在国际市场上遭到狙击,华为就是最好的案例,因此这些新兴产业无法支撑起国民经济。我国只有走出这种困境,才有走上高质量发展之路的可能,才能打造制造业强国,真正意义上实现伟大复兴中国梦。

当前,全球制造业基本已经形成四级梯队发展格局:以美国为主导的全球科技创新中心的第一梯队;欧盟、日本等在高端制造领域领先的第二梯队;处于中低端制造领域的一些新兴国家,以中国为典型代表的第三梯队;OPEC(石油输出国组织)、非洲、拉美等资源输出型国家则组成第四梯队。我们制造业主要的具体短板表现为:①自主创新能力不强,关键核心技术和高端装备主要依靠美国等发达国家;②产品档次较低,缺乏世界知名品牌,跨国企业数量较少;③产业结构不平衡,高端装备制造业和生产性服务业发展滞后;④信息化水平较低,与工业化的融合不够深入,人才支撑严重不足。比如,在"制造业十大重点领域人才需求预测"中,到2025年我国制造业领域的人才缺口接近3000万,尤其是制造业与人工智能、大数据、互联网等交叉融合,目前的人才培养模式和评价体系难以适应。

通过中国新奢侈品本土品牌培育与实现我国制造高质量发展目标不会一蹴而就,还是要经过很长时间的不懈努力。未来,我国制造业高质量发展的五大着力点实施"品质革命",大力提升我国制造业质量与品牌度;完善科技与产业相互融合的体制机制,打造更加完善高效的创新创业生态体系;强化制造业人才支撑体系建设,为制造业强国释放人才红利,主要包括大力发展工业互联网,为建设制造业强国提供动力;对产业治理体系进行创新,提高制度创新和管理变革的能力,使之与制造业强国相匹配。

第 6 章

基于数字媒体传播视角的中国新奢侈品本土品牌培育路径

6.1 互联网与奢侈品品牌传播
6.2 数字媒体传播驱动中国培育新奢侈品本土品牌的创新假设和模型构建
6.3 数字媒体传播驱动中国新奢侈品本土品牌培育路径的实证分析
6.4 数字媒体传播发展与新兴技术兴起

6.1 互联网与奢侈品品牌传播

6.1.1 互联网现状

据中国互联网络信息中心(CNNIC)发布的第 45 次《中国互联网络发展状况统计报告》,至 2020 年 3 月,我国移动互联网用户规模达 9.04 亿,占全球网民总规模的 1/5。该报告指出,2019 年我国电子商务交易规模为 34.81 万亿元,继续占据全球电子商务市场首位;网络支付交易总额 249.88 万亿元,移动支付普及率位于世界领先水平;全国数字经济增加值 35.8 万亿元,居世界第二位。

相比之前,"互联网+"不再是新名词,"智能+"成了支撑传统产业的新动力。近年来,人工智能技术已经从人工智能本身转向"智能+社会",智能化的应用场景越来越丰富,新的零售、智慧医疗、泛娱乐、网络教育、智能驾驶、智能系统建设、房地产安全措施等,都获得了良好的实践和验证。虚拟现实和增强现实的应用加速了人工智能对生产和生活领域的渗透。如今,新技术如 5G、人工智能、云计算、大数据、新应用、新产业等的革命和产业转型正在加速,互联网的发展动能也更强,发展空间也更广。

2020 年突如其来的新冠疫情,给互联网产业带来不小的挑战,也创造了前所未有的机遇。报告显示,新冠疫情期间,大部分 App 的用户规模呈现较大幅度增长。其中,在线教育、在线政务、网络支付、网络视频、网络购物、即时通信、网络音乐、搜索引擎等应用的用户规模较 2018 年年底增长迅速,增幅均在 10% 以上。到 2020 年 3 月,我国在线教育用户规模达 4.23 亿,较 2018 年年底"暴增"110.2%。与此同时,网络娱乐类应用用户规模和使用率也有较大幅度提升。截至 2020 年 3 月,网络视频(含短视频)、网络音乐和网络游戏的用户规模分别为 8.50 亿、6.35 亿和 5.32 亿,使用率分别为 94.1%、70.3% 和 58.9%。网络视频(含短视频)已成为仅次于即时通信的第二大互联网应用类型。短视频平台在努力扩展海外市场的同时,与其他行业的融合趋势愈发显著,在带动贫困地区经济发展上作用明显。此外,截至2020年3月,中国政府在线服务用户达到6.94亿,比2018年年底增长76.3%,占网民总数的76.8%。当前,面向国家和地区的综合政治服务平台是政府优化政治服务的新渠道。

如今我们的生活已经离不开互联网,大到买房时提前在网上搜集信息进行筛选比较,小到坐个公交车需要刷码,无论哪一件事都要依靠互联网。互联网的发展不单单是行业的发展,同时也意味着我们未来生活方式的改变。尤其是新冠疫情期间,线上教育、在线办公、直播卖货,人们足不出户,便可知天下事,做分内事。历史总是惊人的相似,2003年的"非典"让大家认识到了互联网的有效性与及时性,2020年的"新冠"则是让大家明白互联网的必要性与广阔性。不管怎样,互联网的发展关系到每个人的生活,也关系到国家的竞争力,所以我们必须把互联网做强,并做得更广。

6.1.2 数字媒体传播与消费潮流的变化

伴随着移动互联网的发展,数字媒体以及数字媒体消费平台相应诞生,形成了新的消费环境与消费媒介的同时,也改变了人们的消费心理、消费行为、消费文化。

首先,互联网和数字媒体带来信息的极大变化。一方面,搜索引擎解决了人们搜寻信息的问题;另一方面,数字媒体的迅猛发展,层出不穷的各式App,也使得人们的消费习惯发生了巨大的变化,消费者认识、了解一种商品不再是单纯地依靠电视广告、街边张贴的海报等,很多人都会根据需求去选择口碑好的商品,他们会通过各种途径去了解使用过的人的评价并进行比较,从而选择符合自己需求的商品。例如:现在大热的直播卖货,消费者通过主播对商品的评测来判断商品的性能是否符合需求,这个过程也叫"种草";倘若有消费者觉得商品不好给了差评,让其他消费者打消了购买的欲望,也就是"拔草";而若是消费者觉得商品好转而推销给身边的人,即"安利"。主播的作用其实就是"安利"和"种草",从另一个角度来看,商品是否畅销不是取决于主播的"安利"能力,而是商品本身的质量。

其次,数字媒体与传统媒体不同的是,数字媒体所传播的内容是受众所需要的内容与信息,且传播平台是纯数字化的,不需要任何实质的载体或传统媒体作为载体,就可以达到传播内容、服务、产品、资讯、娱乐等的作用。"文化为体,科技为媒"是数字媒体的精髓。从传播学角度来看,数字媒体不是一个纯粹的技术概念,而是一种新型的传播方式,数字媒体不仅仅能进行大众传播,还能在大众传播的基础上进行精确化传播,即分众。其二便是精确性,能根据用户的喜好或者需求推荐相应的内容与信息。

最后,便是数字媒体能够实现双向互动。这打破了品牌与消费者之间的界限——用户不仅可以随时对接受的消息进行反馈,还能邀请品牌参与到自发的话题中来。在这个过程中,企业可以收集到用户的反馈,迅速了解用户想法,进而对自己的产品和相关业务进行改进,促进更好的消费体验。在互动期间,这种模式还能拉近品牌与用户之间的距离,巩固和提升用户的品牌忠诚度。例如:故宫在其天猫店推出的彩妆系列,便是因为网友利用故宫新出的特色胶带粘贴在口红上,使得口红多了一种独一无二的民族美,从而引发网友热议并建议故宫下次出售口红,故宫衍生品团队选取故宫藏品中的图案进行再次设计,打造出了一系列的具有传统文化美的彩妆商品。

数字媒体下,人们购买商品的方式五花八门,但都有各自偏好的渠道。例如:在运动服装市场持续低迷、全球零售业处于疲软状态的大环境下,凭借着瑜伽服起家的露露柠檬(lululemon),却异军突起,销量可观,成为与阿迪达斯(adidas)和耐克媲美的运动品牌。露露柠檬大获成功的最主要原因就是采用了社群营销模式,从而强化品牌文化认同,培养客户忠诚度。露露柠檬品牌创立时通过赞助社区瑜伽课的模式,来得到众多粉丝。然后,当品牌进入新城市,他们首先研究和发现当地有影响力的人,成为他们的"社区联系人",免费赞助他们衣服,并定期邀请他们到展厅学习瑜伽。在露露柠檬品牌中,品牌精神文化是一种相互参与意识很强的"热汗文化",即鼓励人们选择更加健康的生活方式、获取快乐生活的正能量。此时,它已经完成了从一个"品牌"向"生活方式"的转变。这样能给消费者带来认同感,而这种认同感会逐渐演化为客户忠诚度。

6.1.3 数字媒体传播与中国新奢侈品本土品牌培育的机遇

数字媒体的发展,一方面给消费者带来了很大的改变,另一方面对于奢侈品行业亦是如此,尤其是近年来流行的线上购物。在运营成本上升、假货泛滥以及消费群体外流的压力下,许多奢侈品品牌正采取转型策略进行网上销售。法国奢侈品品牌圣罗兰最近宣布,将在中国开设一个在线销售平台。除了圣罗兰,许多品牌已经从拒绝、旁观纷纷转战电商。特别是自2015年以来,世界领先品牌"关店潮"在某种程度上扩大并加速了销售战略的转变。2015年年底,路易·威登宣布将在一周内关闭三家店铺。2016年上半年,它还关闭了几个中国一、二线城市的门店,震惊了业内人士。仅在2016年上半年,古驰、万宝龙、路易·威登、巴宝莉、迪奥和卡地亚六大品牌就在中国关闭数家门店。

但是线上商城也不能完全取代线下商店,尤其是假货横行的奢侈品行业。一位行业人员表示:"事实上,网上销售不适合奢侈品,不管是在自己的电子渠道还是与第三方电子经销商合作,最大的问题是如何向消费者证明货物为正品。"假货猖獗的原因是违法成本低,而且维权鉴定成本高。一般来说,品牌商为何没有在电商大热的第一时间开通线上商城,主要是为了保证自己产品的市场地位和血统纯正。奢侈品实体商店中的服务一般是极好的,店铺装修豪华有格调的,给予顾客一种"奢侈感"的购物体验,而这些电商却没有。线下试穿和逛奢侈品店是奢侈品用户购物体验的一部分,这种体验在电子商务平台上是不可行的。为了弥补这一点,国内的个体互联网零售商已经开始提供高端送货服务,奢侈品递送人员必须穿西装、戴白手套,就是为了给线上消费者提供与线下购物一样的特殊体验。从长远来看,电商给奢侈品品牌带来了一线生机,电子商务的盛行有效地抑制了假货,给品牌带来了一定的好处。

此外,奢侈品的价格差也是一大问题。在日本,无印良品(MUJI)如同中国的大润发(RT-MART)一样只是普通的百货商店,但是在中国,无印良品就变成了高端和小库存的代名词,主要原因是价格导致的定位上升。《新京报》曾报道,无印良品在中国的标价是日本的两倍。除了无印良品,还有其他很多奢侈品品牌,也是在中国的价格高于中国港澳台地区或国外的价格,从而导致了"代购"的产生。

近来,许多奢侈品品牌一直在通过采取"中国市场降价+海外市场涨价"的措施来缩小世界各地的价格差距,以保持中国的本地消费。不仅仅香奈儿家族,很多奢侈品品牌销售额均出现下降情况。路易·威登集团公布了2020财年第一季度销售业绩,截至2020年3月31日,路易·威登第一季度销售额下降106亿欧元,同比减少了15%。核心的时装与皮具部门收入下滑9%至46.43亿欧元,香水和化妆品部门销售额下跌18%至13.82亿欧元,手表与珠宝部门大跌24%至7.92亿欧元,丝芙兰(SEPHORA)所在的精品零售部门大跌25%至26.26亿欧元。奢侈品行业的资深观察家周婷和她的团队,最近对全球100个品牌和不同国家/地区的100多个样本进行了价格抽样调查,发现2017年奢侈品在中国和日本及其他国家的平均差价从2011年的68%缩小到16%,差距缩小了52个百分点。

为了保护和留住本土消费者,近年来,北京扩大了进口以促进跨境贸易,并于2015年6月1日和2016年10月1日宣布了一系列刺激消费的政策,包括分别降低服装、鞋、护肤、化妆品和香水等多种商品的进口税。其实,国内消费者喜欢跑去国外消费不仅是国内外奢侈品的价格存在差异,还有国内服务水平低、整体购物体验差等因素,所以中国奢侈品的购买量和非合并交易的销售额都低于中国消费者在中国以外的购物水平。

对于中国培育的新奢侈品本土品牌而言,这正是一个机遇。中国培育的新奢侈品本土品牌可以吸取西方传统奢侈品品牌的经验,线上线下销售渠道同时进行,除了提供线下充满仪式感的配送,也可以线上购买、线下到店自提,并在自提的过程中附加购物试穿等具有"奢侈感"的体验。此外,针对产品的真实性,可运用区块链溯源功能,对商品的材料来源、加工地、快递途经站、负责人等消息进行公开,保证商品的真实性与正品地位。对于价格差,中国新奢侈品本土品牌一开始就有优势,毕竟不存在关税等问题,线上线下统一价格,将消费者留在本地,毕竟比起海外代购或是本人出境/出国购买,价格相差不大的话,很多人更乐意在本地购买。

6.2 数字媒体传播驱动中国培育新奢侈品本土品牌的创新假设和模型构建

6.2.1 研究假设

对消费者而言,影响其对中国新奢侈品本土品牌购买意向的因素还会有很多,如文化、区域、奢侈品的品牌传播等。尤其是在数字媒体背景下,传统广告行为的传播方式发生颠覆。首先延续第5章的假设。

H1a:中国培育本土新奢侈品的产品感知对购买意向具有正向影响。

H1b:中国培育本土新奢侈品的品牌感知对购买意向具有正向影响。

这里定义的"中国本土新奢侈品"(以下类同)实质就是中国培育新奢侈品本土品牌,从而避免有歧义(即中国新奢侈品不分"本土"还是"外来")。同时,在第5章理论模型内,我们可以看成是除了产品感知和品牌感知影响消费者对中国培育本土新奢侈品的购买意向之外,其他影响变量暂时没有考虑,本节再增加一个新的变量(品牌传播)进一步进行研究,包括对传统传播(如传统广告行为)和数字媒体传播分别进行分析。

1. 传统广告行为

我国拥有世界上最相信广告的消费者,一方面在于媒体与权威平台的天然结合,如:中央电视台媒体传播的信息就具有天然权威性,尤其是改革开放前二十年,哪个企业如果能在央视平台"竞标"成功获得几秒钟的广告,都能给企业销量带来成倍增长。另一方面我国的消费者对媒体有天然的依赖性,尤其是强势媒体的广告传播影响力为品牌的快速成长提供重要平台。记得2004年的"恒源祥,羊羊羊"广告就是如此,饱受诟病又深入人心,这是一个典型,具有强烈说服性的信息和内容的直白简单,都凸显传统广告行为的影响力。

现在,随着产品的丰富,消费者很容易就能买到自己喜欢的产品,获得购买所能带来的实际利益。广告也逐渐从简单的告知或"吆喝",演化至说服。有学者发现,广告天生具有影响力,如对受众观念、心理及行为方面的影响潜力。具体来说,广告的功能可以从两个层面展开,一是工具性层面,二是社会性层面。这两个方面,尤其在中国新奢侈品本土品牌培育中彰显无遗。广告在实现营销功能的同时,必然以其特殊的形式作用于整个社会,甚至很多时候,社会性层面反而会超越工具性层面,尤其是伴随中等收入阶层的崛起。

长期以来,西方传统奢侈品品牌都喜欢在传统高端时尚杂志上做广告,包括不菲的明星代言宣传,以及各种广告传播和代言方式,甚至包括在好莱坞电影中插播广告的形式。为此,中国奢侈品企业也是按部就班,很长时间都是延续传统广告方式进行传播。当然,也一定程度上超越了对传统广告行为的认知,广告不是简单的促销或增加销量(聂佳佳、熊中楷,2009)[130]。进一步拓展,涵盖展览、期刊、电视等传统媒体的产品或品牌宣传,广告都被赋予与消费者沟通的情感和品牌等含义。孙维峰、黄祖辉(2013)以上市公司企业作为研究对象,分析了企业广告支出与企业绩效的关系,发现大企业里,广告支出与企业绩效显著正相关[131]。可以看出,广告不仅能传播产品或企业的外部形象,也可以进行品牌传播、理念传播和沟通等。也就是说广告能产生大的市场行情,对质量竞争、客户偏爱和品牌联想等具有正面促进效果。广告在传递"我是谁"的品牌定位的同时,也进一步缩小与受众的情感和心理距离。施卓敏等(2012)研究发现,奢侈品消费中涵盖了能力、地位和社会关系等意义更为广泛的"面需要",但在传播广告中加入品牌的正面道德信息(社会层面),会提高消费者购买该品牌的意向[132]。基于此,本书提出如下假设。

H1c:中国培育本土新奢侈品的传统广告行为对购买意向具有正向影响。

2. 数字媒体传播

与此同时,数字媒体带来翻天覆地的变化,尤其是互联网的迅猛发展带来自媒体的发展和海量信息,给传统广告行为冲击很大,传统媒体俘获主流受众群的能力明显在下降。传统广告行为形式遇到越来越多的困难,比如宝洁(P&G)过去三十年都在传统广告行为上投入巨量预算,最近几年也改变策略。目前,我国网民规模超过9亿,调查发现互联网已经开始挤占电视黄金时间,电视已经变成一个可有可无的环境型媒体,或者一个伴随式媒体,比如家人在聊天的时候可能开着电视,但不一定都在看,电视已经变成一种背景音乐或广播媒体。甚至我们会发现电视上的新闻不如网上的多。另外,广告可以形象地被比喻成企业给消费者的"情书"。数字媒体背景下,传统广告作为"情书"遇到很大的变化:一方面受众收到的"情书"越来越多,另一方面人们不再相信"情书",甚至反感"情书",受众更愿意相信企业或产品背后的故事或者评论等,也就是说广告的效果和信息价值都不可避免地衰落。

可以看出,传统媒体下的广告形式遇到的挑战是广告的告知和传达功能出现困难,一是诉求传达不到,二是传递效果不好。最大的原因还是数字技术带来的变化,直接催生自媒体的发展,受众获取信息来源渠道多样化,传统广告"轰炸"形式发生不可逆转的改变,最终结果是,消费者不会出现想象的"反馈或互动"。传统媒体下简单的广告轰炸越来越没有效果,企业花了钱得不到好的品牌宣传。这就不难理解为何宝洁最近几年大幅调低在传统广告媒体上的经费预算。如可口可乐、微软(Microsoft)、星巴克等品牌都开始在数字媒体上活跃。为此,需要进一步深入分析数字媒体背景下,企业如何与消费者沟通、如何突破传统广告行为下的数字媒体传播等。如图6-1所示。

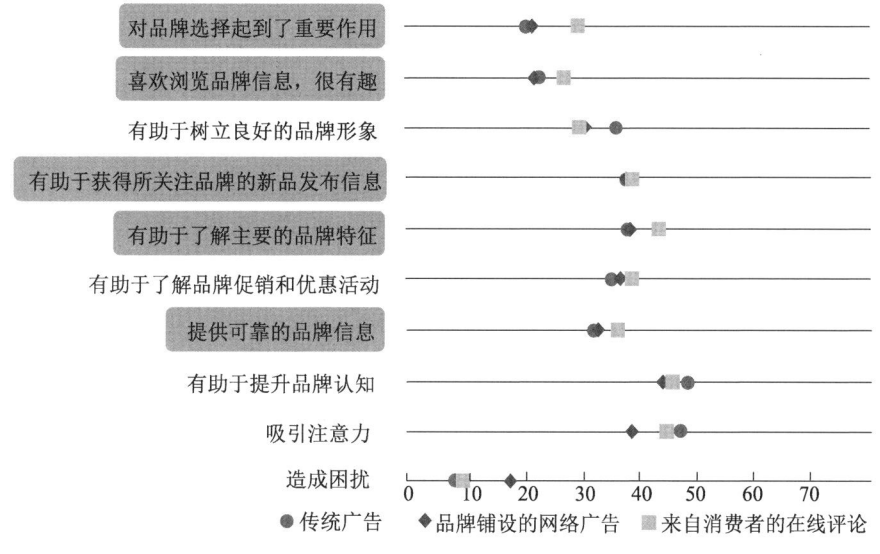

图6-1 互联网促进消费者对奢侈品品牌的了解

贝恩资本发现,中国的消费者获取消息快捷,尤其是对价格等敏感信息,其中73%左右的消费者购物前会在互联网,如官网、其他相关网站和App手机应用程序等,获取奢侈品的相关信息。此外,还有60%的消费者会通过诸如海外代购渠道(专业代购App、亲朋好友代购等),购买部分奢侈品。市场营销和销售渠道在迅速转变。与传统实体店铺不一样,在线商店通过在线客服、顾客评论、商品智能推荐和购买人数显示等形式来体现其社会属性。面对线下实体店个性化定制的贴身服务和线上价格的优惠双重选择,不同的人有不同的倾向性与想法。霍夫曼(Hoffman D. L.)和诺瓦克(Novak T.)(1996)研究网络时就把交互性看作是增加网络专注的一个重要原因[133]。索泰(Sautter P.)等(2004),把网站的交互性看作虚拟氛围的重要组成要素,认为消费者与网站之间有效地互动能减少消费者在购物过程中的困惑,增强其快感和支配度[134]。黄(Huang M. H.,2003)认为网站适当的信息性能大大减少了消费者对各类信息的筛选时间和精力,提高愉悦度,使其免受各类无用信息的干扰,增强其购物的专注度,并使消费者感觉交易过程中的各种信息都在自己的掌控范围[135]。基于此,本书提出如下假设。

H2:数字媒体传播作为调节变量,来影响中国培育本土新奢侈品的系列感知行为对购买意向的路径作用。

H2a:数字媒体传播作为调节变量,来影响中国培育本土新奢侈品的产品感知对购买意向的路径作用。

H2b:数字媒体传播作为调节变量,来影响中国培育本土新奢侈品的品牌感知对购买意向的路径作用。

H2c:数字媒体传播作为调节变量,来影响中国培育本土新奢侈品的传统广告行为对购买意向的路径作用。

3. 模型提出

综上分析,本书提出数字媒体传播为调节变量的中国新奢侈品本土品牌培育行为与购买意向行为的研究模型和框架,如图6-2所示。

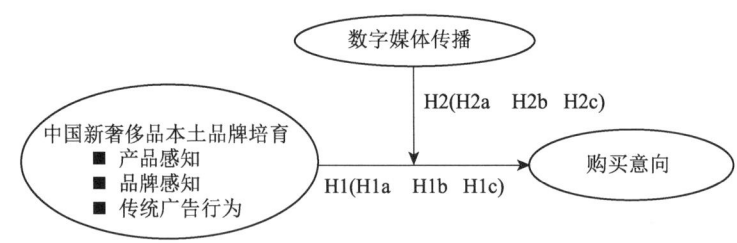

图6-2 数字媒体传播对中国新奢侈品本土品牌培育行为与购买意向调节变量模型

6.2.2 研究方法

本书运用SPSS(18.0)统计工具进行数据处理,包括调节变量假设的回归检验分析和检验,并通过文献查找、阅读检索和分析,进行预调研以及相关领域专家学者咨询的方式对问卷题项和量表反复进行修正后予以使用。

研究变量的测量包括相应的指标等,也就是具体展开的问题项,是实证研究的核心,也是基于问卷调研的实证分析能否成功的核心要素。本书测量指标的选择比较传统,采取的是已经使用过的量表为参考,并进一步结合本书问卷设计进行适当完善。如购买意向测量量表在借鉴了前人学者文献研究成果[多德(Dodds W. B.)等(1991)、蔡特哈姆尔(Zeithaml)等(1996)][125-126]的基础上设计了6个题项。可以看出,本书所用量表具有不错的内容效度。同时,本书延续以往做法,采用7级李克特量表(7-point Likert scale),让回答者能根据其实际情况与本问卷题项描述的符合程度,来选择从"完全不同意"到"完全同意"分别给予1分至7分。本书还进一步采用问卷填写人的年龄和年收入等作为控制变量。问卷所有题项(自变量和因变量)都纳入进来做因子分析。如表6-1所示。

表6-1 量表的测量指标、信度和收敛效度检验

潜在变量	题 项	因子载荷	α 系数
产品感知 PT	产品设计精致,有美感	0.616	0.879
	产品有文化和故事	0.781	
	产品有内涵	0.622	
	产品让我很优雅,有个性,感觉有面子	0.715	
	产品能打动我,并让我感觉有价值	0.687	
	产品让我很愉悦	0.672	
品牌感知 BT	该品牌能打动我,让我有好的感觉	0.767	0.887
	我认为该品牌有好的美誉度	0.726	
	我对中国本土奢侈品品牌很认可,并让我感觉有面子	0.774	
	我喜欢和接受中国本土奢侈品品牌,愿意购买其产品	0.738	
	我愿意为中国本土奢侈品品牌支付品牌溢价	0.810	
	我愿意推荐中国本土奢侈品品牌给我的亲戚朋友	0.782	

(续表)

潜在变量	题 项	因子载荷	α 系数
传统广告行为 AT	传统电视等宣传广告让我对产品更了解和熟悉	0.817	0.889
	户外广告能增加我的认知度和激发我购买的兴趣	0.798	
	旗舰店和商场陈列,让我对购买更有信心	0.805	
	各种 VI、CI 和精美手册等能扩大认知度	0.758	
	各种广告宣传和视频等能帮助我更好地认知和了解产品	0.789	
	各种明星代言和公共关系等宣传广告能打动我	0.726	
数字媒体传播 NC	我比以前更关注和能接触到各种数字媒体传播方式	0.842	0.968
	我能接受来自数字媒体的产品信息和网上交互相关产品的信息	0.867	
	各种数字媒体传播方式有助我了解产品信息和故事	0.905	
	我更相信网络朋友圈对产品和品牌的点评	0.892	
	数字媒体交互和双向沟通能增加购买体验的愉悦	0.901	
	数字媒体传播带来的交互沟通能坚定我购买的信心	0.910	
购买意向 PP	相比国外品牌,我对中国本土奢侈品品牌的满意度也较高	0.932	0.972
	中国本土奢侈品品牌也能很好地满足我的需要	0.934	
	我愿意光顾和选购中国本土奢侈品品牌	0.958	
	我会持续关注中国本土奢侈品品牌	0.969	
	我会把我喜欢的中国本土奢侈品品牌介绍给我的亲戚朋友	0.943	
	与国外品牌的同类产品比较,我愿意支付略高的价格来购买	0.938	

6.2.3 样本选取与数据收集

针对本书研究的问题性质和特征,我们采取更具体的调研和数据收集,如在问卷发放前,就聚焦在中等收入以上的人群,不仅让问卷范围得以缩小,也更符合本书研究的特点。在此过程中,我们采取两种方法来进行调研问卷的收集:一是项目组成员集中在上海杨浦区五角场商圈(巴黎春天、百联又一城、万达广场等)邀请顾客当场填写问卷并当场回收;二是通过复旦大学、同济大学和华东理工大学等高校 EMBA 学生及其同学、亲友展开。调研问卷的对象都具有一定学历和工作年限,尤其是在熟人圈子内填写,增加数据采集的可信度和有效性。正式调查于 2014 年 4 月—2015 年 5 月进行;2015—2016 年期间,先后补充几次验证性调研,各项验证数据都符合预期。每次调研结束,都会向被调研人员表示感谢,如赠送问卷小礼品或分享后续调研结果等。

此调研期间回收的问卷有 312 份,其中需要把一些不完整的问卷排除出去,包括遗漏项、少选或多选等,实际收集到的有效问卷 247 份,有效问卷回收率为 80%。样本中,工作 3 年及以下的问卷填写人有 12 人(占 5%)、工作 4~10 年的有 165 人(占 67%)、工作 11~20 年的有 63 人(占 25%)、工作 20 年以上的有 7 人(占 3%),基本符合目前"七零后"和"八零后"的消费主流年龄段特征。同时,问卷填写人个人年薪在 60000 元及以下的有 13 人(占 5%)、在 60001~150000 元的有 147 人(占 60%)、在 150001~300000 元的有 75 人(占 30%)、在 300000 元以上的有 12 人(占 5%),问卷填写人收入分布合理,符合目前的中产阶层收入现状。考虑到本书研究需要检验不同来源样本的差异性,一般进行 t 检验来验证数据是否可靠。研究结果发现两组问卷样本在测量选项上没有明显不同,即数据中不存在无回应偏差,也就可以在后续数据处理中合并使用。

6.3 数字媒体传播驱动中国新奢侈品本土品牌培育路径的实证分析

6.3.1 变量相关分析和调节变量交互作用

进一步进行变量间相关性分析,表6-2列出了各变量的均值、标准差以及各变量间的相关系数。同时,消费者产品感知与购买意向的相关系数为0.561($p<0.01$),可以看出,产品感知对购买意向有正向影响作用,假设H1a获得通过。同时,品牌感知与购买意向的相关系数为0.390($p<0.01$),即品牌感知对购买意向有正向的影响作用,假设H1b获得通过。传统广告行为与购买意向相关系数为0.480($p<0.01$),即传统广告行为对购买意向有正向的影响作用,假设H1c获得通过。为此,本书提出的假设H1a、H1b和H1c都获得了初步验证,即假设H1得到支持。

表6-2 变量的描述性

	PT	BT	AT	NC	PP	年 龄	年薪收入
PT	1	—	—	—	—	—	—
BT	0.670**	1	—	—	—	—	—
AT	0.689**	0.677**	1	—	—	—	—
NC	0.467**	0.398**	0.467**	1	—	—	—
PP	0.561**	0.390**	0.480**	0.913**	1	—	—
年龄	−0.056	−0.079	0.003	0.010	0.023	1	—
年薪收入	−0.211**	−0.200**	−0.213**	−0.232**	−0.215**	0.512**	1
平均值	5.8201	5.1013	5.1837	4.5977	4.5568	18.3231	35.103
标准差	1.1276	1.0032	1.1202	1.8871	1.8742	22.0062	109.238

注:**表示相关系数在0.01水平上显著,*表示相关系数在0.05水平上显著,都是双尾检验,$N=247$。

为进一步验证"数字媒体传播"的中介调节变量影响,本书按照统计学中的通用方法,把两个变量的交互作用(调节变量的作用)用该两个变量的乘积来表示,即具体操作为:第一步,将自变量(产品感知、品牌感知和传统广告行为)和调节变量(数字媒体传播)中心化来处理;第二步,计算出三个交互项——产品感知×数字媒体传播、品牌感知×数字媒体传播、传统广告行为×数字媒体传播;第三步,再分别放入控制变量、自变量、调节变量以及三个交互项;最后,进行回归分析,回归结果如表6-3所示。

表6-3 回归分析结果

	R^2	ΔR^2	β	t	F	p
产品感知×数字媒体传播 $PT \times NC$	0.043	0.006	−0.143	−2.910	7.873	0.003
品牌感知×数字媒体传播 $BT \times NC$	0.019	0.005	−0.132	−2.124	4.968	0.022
传统广告行为×数字媒体传播 $AT \times NC$	0.057	0.006	−0.167	−3.278	11.697	0.001

注:** $p<0.05$,* $p<0.01$。

6.3.2 假设检验

进一步分析表6-3,可以看出在加入"数字媒体传播"调节变量后,研究模型的解释力有明显提升:"产品感知×数字媒体传播"交互项的回归系数为负值,与假设关系方向一致,且影响作用明显($\Delta R^2=0.006,p<0.01$),即数字媒体传播正向调节产品感知与购买意向的正相关关系($\beta=-0.143,p<0.01$),H2a得到支持;"品牌感知×数字媒体传播"交互项的回归系数为负值,与假设关系方向一致,且影响作用明显($\Delta R^2=0.005,p<0.05$),即数字媒体传播正向调节品牌感知与购买意向的正相关关系($\beta=-0.132,p<0.01$),H2b得到支持;"传统广告行为×数字媒体传播"交互项的回归系数为负值,与假设关系方向一致,且影响作用显著

($\Delta R^2=0.006, p<0.01$),即数字媒体传播正向调节传统广告行为与购买意向的正相关关系($\beta=-0.167, p<0.05$),H2c 得到支持;假设 H2 得到统计数据的支持。可以看出,数字媒体传播的调节作用是明显存在的。

为了更直观和清晰地凸显数字媒体传播调节变量的作用和影响,进一步把样本问卷分成两组进行对比,一组高数字媒体传播,另一组低数字媒体传播,并画出数字媒体传播的调节效应图,如图 6-3 所示。在低数字媒体传播情况下,中国本土奢侈品培育行为(产品感知、品牌感知和传统广告行为)对购买意向的正向影响关系的斜率明显小于高数字媒体传播情况下的斜率。数字媒体传播能体现调节变量的增强型交互作用,从而进一步支持了假设 H2。尤其是"传统广告行为"曲线斜率对比明显,由低数字媒体传播到高数字媒体传播,影响斜率更大。当然,图 6-3 中所示的斜率只是一种大致展示。

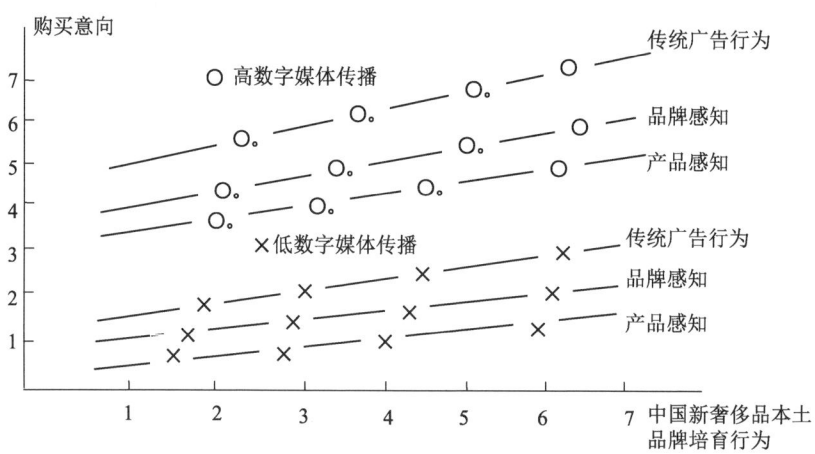

图 6-3 数字媒体传播对中国新奢侈品本土品牌培育行为与购买意向之间的关系

6.3.3 结论和建议

在中国本土制造企业升级行为遇到困境和在华跨国企业品牌占据高端的背景下,包括当下中美贸易摩擦和数字技术赋能等带来的变化,本书提出中国本土奢侈品品牌培育目标,目的是探索中国本土各行业培育自己的高端产品(中国本土新奢侈品)路径。为此,本书基于数字媒体传播为调节变量的产品感知、品牌感知和传统广告行为对购买意向的影响进行模型构建。同时通过对247份来自城市白领(中等收入阶层)的调研数据统计分析和实证研究,进一步发现数字媒体传播作为调节变量的中介作用和对传统奢侈品品牌培育行为的影响效应。基于上述研究结果,得出如下结论和建议。

(1) 过去很长时间,中国本土企业进行奢侈品(或高端品牌突破)培育时,还是延续传统想法,关注提升产品感知、品牌感知和传统广告行为等层面,一般都没意识到数字技术带来的变化,甚至觉得奢侈品培育与互联网是很遥远的,或者认为数字媒体传播只针对普通快消品。从本书研究结论可以看出,数字媒体传播对传统的奢侈品培育行为有很好的效果,即数字媒体传播作为调节变量,能正向促进产品感知、品牌感知和传统广告行为对购买意向的路径作用。

(2) 研究结论对中国培育新奢侈品本土品牌抓住当下AI、5G等数字技术赋能背景下带来的机遇,运用数字媒体传播思维,实现把传统制造升级和高端品牌突破放在一起,最终找到中国新奢侈品本土品牌培育方向,提供了理论依据和实证依据。

(3) 研究发现数字媒体传播相比产品感知、品牌感知,能进一步增强传统广告行为的影响和作用。数字媒体经济下,企业面临复杂和变化的环境,广告的方式正在发生巨变。社交媒体发展已经是不可逆转的趋势,要么就是拥抱它,要么就是被它所抛弃。对于企业来讲,必然要改变惯性思维而不能因循守旧,否则就会发现与消费者渐行渐远。为此,建议中国新奢侈品企业在当前数字媒体时代,应该转型传统广告行为,更多与互联网结合、与数字媒体结合,线上线下互动和媒介融合来发挥新兴广告行为传播的威力。

中国培育新奢侈品本土品牌理论的研究尚在起步时期,但中国本土奢侈品作为一种新生的消费形态,其发展势头不可小视。目前,内循环国家战略也是中国新奢侈品本土品牌培育的最佳时机,中国新奢侈品本土企业应抓住数字赋能带来的发展机遇,保持对中国新奢侈品本土品牌培育的自信,真正实现自我超越,一个一个行业、一个一个产品进行突围,最终让中国本土新奢侈品"有产品、无品牌"的局面得到改变。

6.4 数字媒体传播发展与新兴技术兴起

6.4.1 数字媒体发展与品牌传播

1. 数字媒体发展回顾

数字媒体的发展使得各行各业均发生了巨大变化,同时也让商家们意识到了品牌的重要性,尤其是在奢侈品行业,品牌就是商品的代表,是商品质量的保证、文化的象征。同时,消费者的意识和行动都发生了很大的变化,改变了整个传媒的格局。人们接收信息的方式改变了,从过去被动接收信息,到现在主动获取信息。可以说,数字媒体的发展使得我们处在一个全新且处处充满碎片化信息的时代。

数字媒体应用于品牌推广,使得品牌在知名度和认知度方面超越了传统媒体。在品牌建设和发展过程中,品牌传播是所有企业品牌战略的重要组成部分。这一步直接关系到产品的销量,同时也是稳定消费者与消费者建立联系的至关重要的一步。随着网络的发展,网络广告成了数字媒体在品牌传播中最常见的应用,消费者可以通过数字媒体了解到品牌理念、品牌形象、产品和服务以及促销活动,从而引起购买或分享行为。与此同时,与传统媒体单方面宣传效果不一样的是数字媒体在消费者和品牌之间建立了更加灵活有效的互动机制。消费者可以通过官方网站、微信公众号、官方微博等从品牌方那里获取品牌信息。而数字媒体可以提供给品牌方收集消费者需求的反馈途径,并形成有效的实时交互。消费者和品牌方通过数字媒体表达各自的想法并进行交流,从而使得产品更趋向消费者的需求,同时品牌方也能及时了解到消费者的消费心理。此外,数字媒体的高度互动性使得网络公关比传统公关活动更有效率,也使得向目标用户投放广告更加准确。数字媒体的时空特征是让更多的消费者超越地域界限,通过互联网自由参与公关活动、加深消费者对品牌文化和个性的认识、保持消费者忠诚度、增加重复购买次数,从而增强竞争优势。

在这个社交和资讯并行的年代,奢侈品营销与信息化结合,已经不可避免地成为了未来奢侈品营销的方向。互联网时代的奢侈品营销要学会聆听消费者在互联网上发出的更加个性化的声音,把奢侈品消费中的文化通过媒体等渠道有选择性地传达给消费者,不要忽视数字媒体上消费者的一腔热忱。品牌传播的最高境界不是短期的事不关己行为,而是要设计和策划事件营销,以提高消费者的参与意识,获得参与者的共鸣从而进行分享,以达到传播的目的。此外,品牌要真正与消费者合作,而不是简单地销售产品,要有互动共享意识。在数字媒体时代,消费者三个字不再是简单地代表着购买者,而是合作者、参与者、意见提供者等。简而言之,铺天盖地的广告时代已经结束,参与社交媒体传播的时代已经到来。

2. 以服装品牌李宁(LI-NING)为例

以"国货之光"李宁为例。2020年上半年突如其来的新冠疫情,国际知名运动品牌也是难熬,如耐克上半年巨亏55亿美元,阿迪达斯二季度亏损27亿美元,并关闭了全球近七成的门店。包括一向高冷的安德玛(UNDER ARMOUR)即使促销降价,上半年营收依然下滑41%。以李宁为代表的中国运动品牌,虽然同样受到新冠疫情影响,但采取线上业务的弥补和新冠疫情控制之后线下迅速恢复等策略,上半年李宁依然保持盈利6.83亿元人民币。

短期看,李宁集团严谨慎重应对新冠疫情带来的各种不确定性,保证企业平稳过渡、应对新冠疫情的影响,也进行了业务的改变和改革,为未来更好地创造生意和提高效率做了一些准备,商品运营、供应链、渠道拓展、线上线下渠道、店铺运营等各方面的工作正在有序、有计划地推进中。

长期看,数字业务才是李宁集团应对新冠疫情冲击的首要发展策略。2012年,体育用品行业整体面临库存困境,李宁连续第二年遭受巨额亏损之苦。李宁将"创造运动体验"作为一种新的商业模式后,继续创新,并首次尝试了O2O销售模式,即消费者完成一键下单购买,电商集中配送,最大限度地实现了数字赋能带来的革命。在此基础上,尝试运用数字媒体传播的原理和形式对产品进行重塑,大胆构建新的体系、新的渠道和新的运作方式,在现有的基础上创造出基于互联网效率和信息效率的数字媒体传播管理新方法,创造出新的"李宁体验"。

当下,李宁顺应互联网+带来的市场新机遇,将电商和数字媒体传播融入公司的核心业务,全面优化资源配置与供给效率,包括与京东强强联手全面整合供应链体系,为集团发展O2O战略打下坚实的供应链基础。预计未来三至五年其电商业务的收入占比将提升至50%以上。

新冠疫情当下,我们需要的实体店越少越好,很多环节都被互联网化。实体店很多时候只是让消费者感受产品,数字赋能能顺畅地与顾客保持沟通,包括与调性相同的第三方平台合作,通过数字媒体传播传达给更多的消费者,跟消费者建立关系。也就是说,数字赋能极大促进了消费者与品牌持续互动,如实现信息搜索、品牌偏好、购买决策全产品生命周期的闭环。总之,中国新奢侈品本土品牌培育的内涵价值比较丰富,要通过设计、数字媒体去表达和传播故事,包括建立社群营销,积极与顾客互动,形成品牌偏好。互联网和数字媒体传播不完全是做销售的,也可以进行品牌培育,尤其是中国新奢侈品本土品牌培育。

当然,中国新奢侈品本土品牌培育也一定要和奢侈品品牌一样,得花很长时间去打造,包括不仅仅局限在产品功能层面,需提升至体验和精神层面,包括源源不断地为品牌增值,在数字赋能的当下,借助数字媒体传播就能彰显巨大的品牌价值。

6.4.2 数字媒体传播技术进一步发展

当下,数字媒体传播技术得到进一步发展,甚至可以通过传播技术影响人的行为,数字媒体传播的背后是数字技术赋能下的"传播科技"。现在数字媒体传播技术发展很快,很多广告平台和电商平台都可以做到收集大量讯息、给受众贴标签、分类,然后再进行程序化的精准投放,这都依靠数字媒体传播技术的进展。从这一点看,中国新奢侈品本土品牌培育未来有很大空间和市场。

中国新奢侈品本土企业在运用设计和数字媒体传播融合创新过程中,可以组织资料分析部门、设计部门、研究部门、创意部门、传播部门和行动部门等联动,跨学科整合资料分析学、社会科学、行动科学和心理学的人才。例如,通过资料分析学帮助中国新奢侈品品牌设计师掌握准确预测人们行为的演算法,研究当受众收到为他们量身定做的特定讯息时,会出现什么样的特定行为。社会科学主要负责给中国新奢侈品受众人群分类。同时,心理学用于心理图像分析,来了解人们选购中国新奢侈品过程中复杂的心理,从而设计触发他们特定行为的方法等。以此类推,行动科学则主要通过理解中国新奢侈品受众的行为,来设计如何通过数字媒体传播技术影响人们的行为。最后,创意部门根据以上研究的成果,根据不同人格特质类型制作对应的特定讯息,进行中国新奢侈品的"目标行为精准锁定"。

借助最新数字媒体技术,几乎可以直接触及消费者购买奢侈品的内在心理和情绪等定量分析,包括数字媒体传播的绩效,如用户数量、奢侈品广告的观后感(这点很重要),从而去调整数字媒体传播素材的文案、声音、色彩。当发现最佳素材之后,继续在更大范围内追加投放。

当前数字媒体传播的缺陷不在技术端,而在人文和内容端,能针对性地运用合适的品牌创意内容来影响顾客及其购买行为等。未来数字媒体传播一定不是只侧重技术,而是将技术和人文结合在一起,研究人们处于怎样的社会网络、什么样的权力结构中,有什么共同需要,要怎么利用这些数据来影响消费者中国新奢侈品本土品牌的购买行为。

6.4.3 把握中国新奢侈品本土品牌培育的时机

中国是一个品牌林立、竞争激烈的市场,几乎所有的全球品牌,无论历史悠久与否,都在争取越来越挑剔的中国消费者。当前,在中国奢侈品市场,互联网等新型信息技术手段越来越起到举足轻重的作用,消费者将互联网视为了解奢侈品品牌的主要信息来源。奢侈品品牌目前对互联网的使用越来越成为重要手段。那么,该如何利用数字媒体做好品牌营销呢?

首先,就是要让传统和数字媒体相结合,让传播渠道更多元。传统媒体的传播以报纸、电视、广播等形式传播口碑营销事件,以扩大口碑营销的感染力。可以自己主动传播也可以创造吸引人的主题来吸引受众主动传播。在互联网时代,传统的渠道优势被大大削弱,每个奢侈品品牌都开始关注数字媒体传播渠道,如微博、抖音和小红书。与传统媒体发行不同,互联网发行更具驱动力,采用得当,其效果令人惊讶。因此,品牌不仅需要在传统渠道的基础上提供具有创意的营销方案,还需要利用社交媒体的层次性特征进行传播。可以说,过往单一且信息流通缓慢的社会化解决方案,已经跟不上时代的风潮了。因此,品牌传播要想真正"围猎"消费者，需要将地铁、电梯、户外等传统渠道和微信、微博、短视频、直播等互联网渠道两者结合，才能面面俱到。

其次，以优质内容为主。虽说传播渠道才是将品牌信息传递出去的关键步骤，但品牌也不要只注重渠道建设，而忽视了内容建设。一个好的内容可以打造出具有独特性与辨识度的品牌形象，摆脱同质化内容带来的品牌"泯然众人矣"。我们都知道，信息的传播本质是一个影响力扩散和说服别人的过程。但在互联网时代，当大家都拥有同一类数据，都在同样的素材上进行不同侧重点和内容的加工，这时候想从中脱颖而出，关键就是看谁的论点和论证方式更别出心裁。即品牌需要做到瞄准流量洼地——探知合适的商业机会——激发新的用户爆点。当然，品牌也不要盲目追求热点，而要学会用内容重建信任。因为用户只有基于对品牌的信任，才能主动进行内容分享和信息传播，从而让 UGC（User-Generated Content，用户生产内容）、PGC（Professionally-Generated Content，专业生产内容）等优质内容进行裂变，实现更广泛的品牌价值认同。

最后，就是互动式传播激发用户主动性。传统媒体和数字媒体都是以一个事件为传播内容或信息载体，在受众对象常出现的网络传播渠道发布信息来影响目标用户。因此，品牌要建立起与消费者之间的沟通桥梁，就必须要会分享和讲故事。从微信红包、滴滴打车券等成功的商业运作案例，用户的参与和分享已经成为现代传播的关键环节。消费者通过分享形成自己的社交价值，通过参与与品牌形成情感的共鸣。而最好的传播形式是讲故事，套用现任小米公司董事长兼首席执行官雷军的一句话："有故事，品牌自己都会飞。"但想讲好一个故事，不是一件易事。如果品牌讲的故事没有围绕传播核心展开，而是不知不觉跑偏了，那就是浪费。在这方面，一直活跃在朋友圈的微商群体无疑是个好榜样。你看人家的传播就做得非常到位，不管讲的故事多么离奇、情节多么曲折，最后还是会回到产品信息上来，深刻贯彻了"想讲好故事、做到持续传播，就不能三心二意"的传播要点。

在现今数字媒体迅猛发展的大潮流下，品牌传播必须充分挖掘品牌的内涵，加强与参与者的沟通和互动，提升参与者的体验，并在传播过程中充分发挥其在社交媒体中的重要作用。品牌要学会从差异性（形象差异化）、沟通性（心智的良好沟通)、体验性(沉浸式体验)和关联性(情感价值的联通)四个方面着手,才能和用户产生有效互动。一个品牌的成功不仅在于品牌和产品的差异化战略,还需及时洞察市场的变化、提供与消费产生共鸣并具有情感联系的服务。奢侈品行业已有一百多年的历史,传承了优秀的工艺和丰富的艺术文化价值,不会在短期的低迷中消亡。为了在竞争中脱颖而出,品牌需建立一个符合市场变化并具有自身品牌价值的发展战略,包括定制服务和设计新产品,以及改善消费体验、在每个地区进行差异化管理、优化分销网络、加强数字媒体营销和传播品牌的核心价值等方面,将其与时尚娱乐行业相结合是中国新奢侈品转型发展的一个可行方向。

· 第 7 章 ·

案例研究：数字赋能背景下设计和数字媒体传播融合驱动中国新奢侈品本土品牌培育

7.1 设计和数字媒体传播融合驱动高质量发展

7.2 设计和数字媒体传播融合驱动中国新奢侈品本土品牌培育
——小米案例

7.3 设计和数字媒体传播融合驱动中国新奢侈品本土品牌培育
——SHEIN（希音）案例和沙涓（Sandriver）案例

7.4 案例对比

7.1 设计和数字媒体传播融合驱动高质量发展

7.1.1 设计和数字媒体传播融合驱动中国新奢侈品本土品牌发展机理

传统的创新链往往重视单一产业的能力(如技术、市场等)。在数字媒体这一新兴技术来临,并日益强调在线交互和用户洞察的产业竞争环境下,数字媒体传播与设计驱动的融合,能很好兼顾技术、市场和用户等方面。同时,单一制造企业很难在创新方面突破,需要不断从服务业(包括人工智能、服务设计等现代服务业)创新中寻找突破,充分调动各方积极性和充分利用各种资源创新合作模式(吴义爽,2014)[136]。近年来,越来越多学者将企业服务创新作为重要竞争手段来参与市场竞争(赵武等,2016)[137]。

随着数字技术赋能提高和个性化需求的普遍,将业务数字化、流程数字化等的经验、规范凝结成数字化解决方案,从而为中国新奢侈品本土品牌企业解决本行业的数字化转型问题提供解决方案。数字技术赋能可以给企业带来十大解决方案:①远程运维;②质量管控;③协同设计;④网络制造;⑤定制生产;⑥物流仓储;⑦工艺革新;⑧精益管理;⑨数字媒体传播;⑩全生命周期管理。其中大部分都适合中国新奢侈品本土品牌培育,尤其是协同设计、数字媒体传播和定制生产等。

当前,中国新奢侈品本土品牌的实现途径及其创新体系尚不明晰,一般对应三个阶段:传统制造阶段、精品制造阶段和数字化背景下设计与数字媒体传播融合创新阶段。数字经济时代,伴随生产方式由大规模生产走向大规模定制,以3D打印为核心的增材制造技术(指基于离散—堆积原理,由零件三维数据驱动直接制造零件的科学技术体系)和以智能数控机床为代表的减材制造技术(是指将原材料装夹固定于设备上,通过刀具减少或去除材料的加工方式,最终成型为所需部件的工艺类型)混合使用,颠覆了通过规模经济降低生产成本的经济规律,使人类能通过差异极小的成本实现大规模定制和即时生产。这个过程更加便利地将想法与创意变成了现实产品。数字赋能背景下设计和数字媒体传播融合进一步助推工业智能,让个性化制造和中国新奢侈品本土品牌传播等焕发出潜能。即可以围绕数字化转型为背景的信息网络,利用整个世界围绕用户的创造力,通过数字化背景下设计与新媒体传播融合,让中国新奢侈品生产和制造解决方案变得可行,如图 7-1 所示。

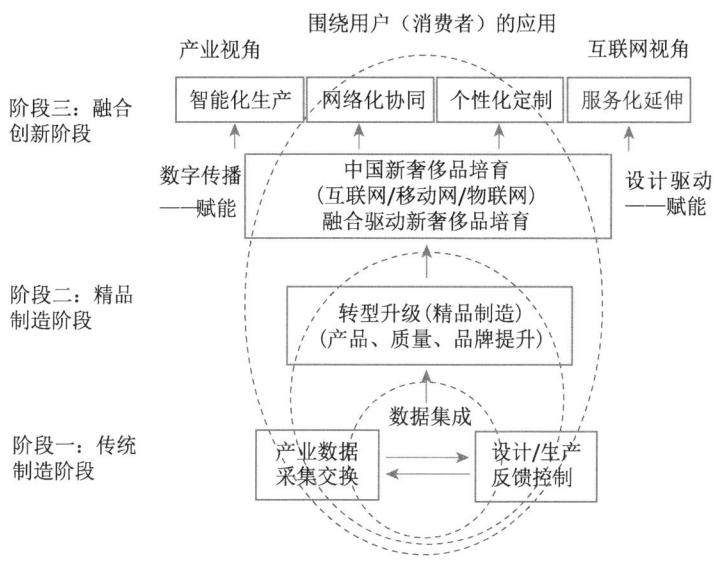

图 7-1 设计与数字媒体传播融合与中国新奢侈品本土品牌培育

可以看出,数字赋能背景下中国新奢侈品的数字媒体传播实现,核心就是借助人机交互界面来洞察用户,这个过程也是设计与数字媒体传播融合创新驱动的过程,推动企业更好地满足消费者需求的主、客观交互的过程。其中,设计驱动更多的体现产品赋能、思想赋能、行为赋能和情感赋能,数字媒体传播代表的新兴技术更多是模拟人脑实现品牌认知与对品牌的深度学习,设计与数字媒体传播共同赋能推动中国新奢侈品本土品牌发展的新模式和新业态出现。同时,数字赋能背景下设计与数字媒体传播融合创新,也是知识网(跨学科知识、跨学科学习)、价值网(设计+用户)和中国新奢侈品本土品牌培育的跨界融合创新平台,以此实现由单一产品向中国新奢侈品本土品牌的产业链重构及对高附加值环节再造的高质量发展演变,如图 7-2 所示。

当然，数字赋能背景下，在设计和数字媒体融合驱动中国新奢侈品本土品牌创新过程中谁为主体不重要，可以是中国新奢侈品制造企业、设计企业，也可以是数字媒体传播企业。这个过程中，政府也是辅助的，市场才是推动融合创新的源泉，真正朝有利于产品结构优化升级和高质量发展的方向提升。

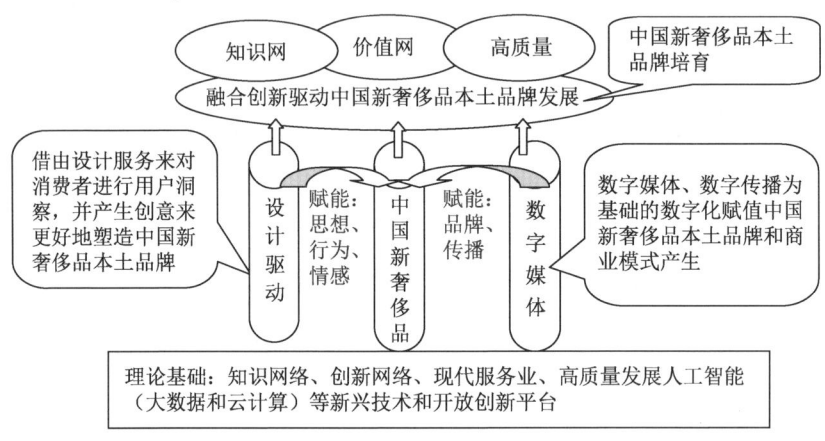

图 7-2　设计与数字媒体传播融合驱动智能制造创新

7.1.2　数字赋能背景下设计和数字媒体传播融合驱动中国新奢侈品本土品牌创新平台演化

在新一轮科技革命与产业变革浪潮下，柔性制造和知识密集型制造产业在国民经济中占据越来越重要的地位，并助推中国新奢侈品本土品牌塑造。同时，在数字赋能背景下，设计与数字媒体传播融合创新，能进一步推动中国新奢侈品本土品牌传播与我国制造企业的高质量发展。在这个过程中，可以把更先进的技术进行商业化落地，从而改变整个传统制造产业。当然，设计、数字媒体传播与中国新奢侈品本土品牌培育演化过程，也是制造创新和高质量发展的过程，制造企业通过技术改造，以战略融合、模式创新为突破点，融入现代产业体系，形成强大的市场竞争力[138]。韩宇帕克（Han Woo Park）和勒特·莱顿多夫（Loet Leydesdorff）的研究表明，随着产业结构优化，知识网络密度增加，传统产业与新兴产业之间知识连接越来越频繁，因此新兴产业与传统产业的互动越来越重要[139]。熊勇清和李世才(2010)构建了传统产业和新兴产业之间的耦合关联和创新发展模型[140]。

伴随人们生产、生活开始追求便利、体验和智能,产业形态的突变以及消费者的多元化追求,冲击着传统产业现有运行模式,以大数据、物联网和人工智能等为代表的新型技术日益成为重要生产要素,包括人工智能、设计驱动创新与智能制造融合创新平台正在对产业链和利益链进行新的重构,如图7-3所示。当前,我国制造业正处于产业转型升级的关键时期。推动人工智能、设计驱动创新和智能制造融合,能进一步催生新业态和新模式发展,能发挥和促进制造业向新兴制造转型、引领产业结构调整、创造经济新增长点等战略功能,并已成为广泛关注的理论共识。

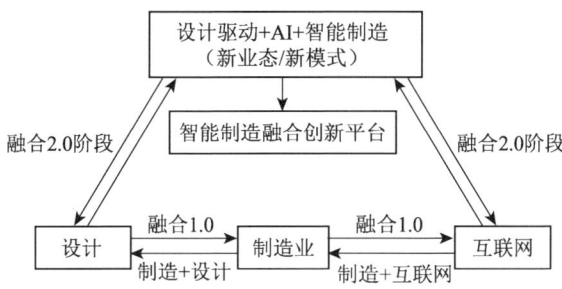

图7-3 人工智能和设计融合驱动智能制造创新平台

7.1.3 人工智能与设计融合实现迭代创新

以人工智能为代表的数字智能与设计驱动创新的融合,能完成人工智能与具体产业应用的衔接,把问题从宏观转化到具体可执行的微观层面。借由设计师从细节入手、从观念入手,更好关注和近距离打动消费者,从而抓住消费者内在需求,实现从产品沟通到深入情感层面的沟通。

任何的数字智能和设计驱动创新都是为人服务的,如通过人工智能和设计融合创新驱动,围绕"人"实现从创意到产业落地及创新链"0到1"的关键阶段,之后才是从商品化到网络化即是"1到N"的阶段。总之,迭代就是朝一个目标——中国新奢侈品本土品牌培育,一直在前行,犹如蚂蚁雄兵,把一切不可能变为可能。

5G、工业互联网、人工智能等数字智能,带来最大的变化,就是让原来认为的不可能变成可能,让不确定变成确定。当然,这个过程是一个长期"迭代"的过程,如图7-4所示。

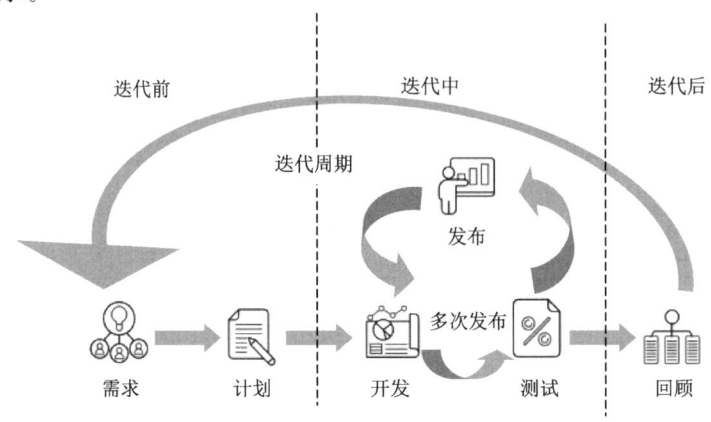

图7-4 迭代创新

当前,人工智能、大数据、云计算、物联网、智能终端和虚拟现实等技术一起,为人工智能与设计驱动创新融合提供了新的条件和可能,并已经在各个环节上切入到创新链中。比如华为的研发和创新,人工智能和设计融合驱动创新的创新链正在生成更复杂的活动形态,可以很好助力中国新奢侈品本土品牌培育。

7.2 设计和数字媒体传播融合驱动中国新奢侈品本土品牌培育——小米案例

7.2.1 设计和数字媒体传播融合驱动中国新奢侈品本土品牌的创新价值

数字赋能背景下,数字媒体传播与场景深度融合,应用领域更加广泛,尤其是数不胜数的前端智能设备万物互联,使得数字媒体传播应用场景变得碎片化。同时,所有的应用在终端都能实现边缘计算和云端互联互通,都进一步赋能中国新奢侈品本土品牌培育,比以往能更开放、更灵活构建协作模式和创新生态系统,加速推动中国新奢侈品本土品牌培育。

何谓中国新奢侈品本土品牌培育的创新系统?其中之一就是全面考虑从研发、生产到用户的全周期。设计与数字媒体传播的融合,本质就是驱动中国新奢侈品本土品牌培育与创新,创新背后就是设计与数字媒体传播价值的全周期完整体现。价值的创造存在于从产品概念到用户体验的所有环节中,这意味着人工智能和设计驱动需要通盘系统考虑从产品到品牌、体验等的全过程,全方位利用人工智能和设计驱动的优势,来达到情感、特性和洞察方面的诉求,与用户之间形成强需求关系,如图7-5所示。为此,人工智能与设计驱动的融合和创新,要求深入到微观细节的每一步去了解和熟悉,才能真正通过人工智能与设计驱动的融合来完成智能制造商业模式的创新,带动从产品到服务、体验,从内容和细节到市场和品牌一个完整产业创新系统的构建。

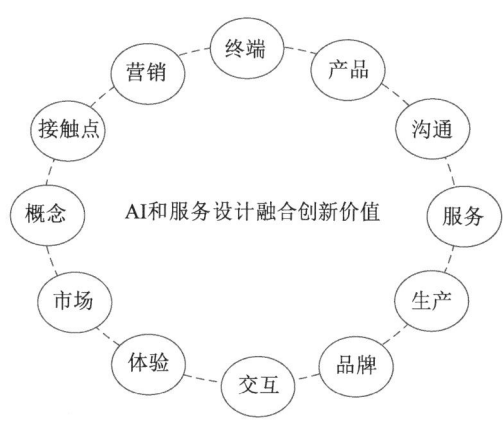

图7-5 人工智能与设计驱动融合创新全过程

7.2.2 小米案例

1. 小米的发展历程

小米科技有限责任公司,2010年4月创立于北京,初起是一家专注于智能手机自主研发的移动互联网公司,小米手机、MIUI(是小米公司旗下基于Android系统深度优化、定制、开发的第三方手机操作系统,也是小米的第一个产品)、米聊是小米公司旗下三大核心业务,并把"为发烧而生"作为产品创新理念。8位创始人中有刘德、黎万强两位工业设计师,决定了小米品牌走向设计驱动创新所具有的先天优势。

目前,小米生态链进入的产品领域,都会定义设计品质升级的新标杆,而且所有家居产品都呈现出统一、清晰的品牌 DNA 特征,以高品质工艺制造出来,形成了鲜明的品牌设计形象阵容。小米生态链企业有十多款智能硬件与软件产品参与了 2017 日本 G-Mark 设计奖评审,成为获奖数量最多、奖项最高的中国品牌。长久以来,被我们诟病的中国品牌仅有单款设计意识、缺乏品牌系统的设计管理,小米生态链则已经成功突围,可说是工业设计引领"制造业强国"和"网络强国"的率先垂范,并在全球设计驱动品牌与创新的商业模式中,小米提供了一个很好的重要中国设计范式。当前,小米投资的生态链企业中有 16 家年销售额过亿元、4 家估值过 10 亿美元的独角兽公司,从如下两款小米生态链产品可一窥其创新魅力。

其一,小米生态链企业智米科技的"智米全直流变频空调",是小米生态链公司"智米科技(smartmi)"的自有品牌产品,获得了 2017G-Mark 设计奖金奖,也是中国设计参评以来首个金奖。这件产品之所以获得此高规格奖项,不在于融入了各种前瞻的智能科技,而在于它秉承极少主义设计理念,为用户创造了更加人性化的交互体验,用简洁质朴与高度统一的造型语言,打造出整洁耐看的系统产品。它展现了在空调机等传统家电产品已成刚需、市场竞争白热化的当下,设计创新毫不妥协地向高品质升级的力度。而该产品的设计师与工程师在设计思维指引下的密切合作,确保了从室内机、室外机到遥控器,从整体造型到每个细节均进行了彻底的精细化设计,最终达到优雅完美的新高度。

其二,贝医生巴氏牙刷(DR·BEI),出自小米生态链企业"小贝科技",由章骏等 4 位设计师联合创立于 2016 年,聚焦于创造舒适的口腔健康体验,首款牙刷产品即以高品质为特色引爆市场。2016 年 12 月在米家商城(MIJIA)众筹 7 天即达到 24 万支,刷新了小米生活类产品众筹数量记录,并连续获得 2017 德国红点、日本 G-Mark 设计大奖。

2. "小米"设计驱动创新与生态圈构建

在数字赋能和消费升级时代背景下,设计作为核心环节之一,能较好实现产品高附加值和消费者体验,设计价值越来越得到重视,并对制造业转型升级的承载具有非常重要的推动作用和设计使命。基于此,设计思维是整个产品的生命体系,并通过跨界合作,带来价值共创的引领能力,这一点与中国新奢侈品本土品牌培育不谋而合。当然,产业创新系统的打造需要长期的坚持,也不是某几个企业独立就能完成的,最终还是需要全产业链配合和各类资源汇集,各个主体之间形成循环共生的"生态圈"。

从设计驱动微观细节到各环节整合的中国新奢侈品具体产品切入赋能设计创新,一步步递进到设计驱动中国新奢侈品本土品牌创新系统构建,形成一个顶层设计宏观建设。最终围绕用户形成硬件、平台、终端、内容等包括制造业、设计和数字媒体传播融合的一个创新生态系统。中国新奢侈品本土品牌培育实质就是产业结构重构,这个过程不再是孤立制造企业单一面对的,而是不同分工、不同环节、注重系统合作的创新生态,如图 7-6 所示。

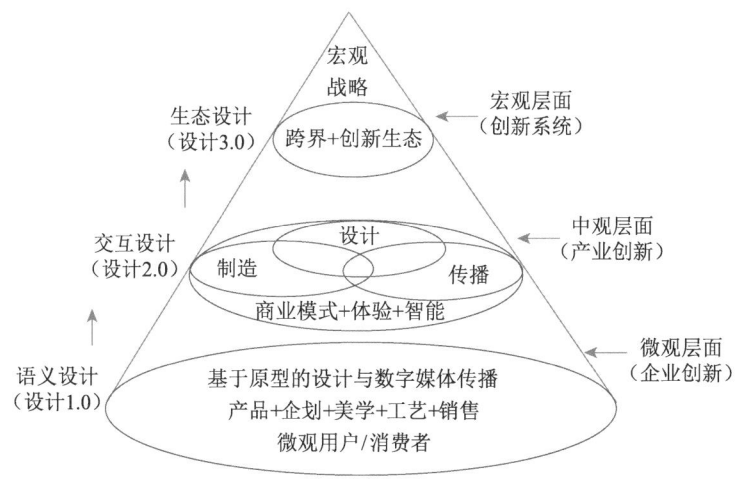

图 7-6　设计和数字媒体传播融合创新演化图

创建至今的小米,除了持续打造高性价比的小米智能手机外,更加重大的突破性创新是构建了设计驱动的小米智能家居产业生态链。逾百家小米生态链公司中 30 家公司有自己的产品、4 家公司估值过 10 亿美元,并形成了 2.8 亿规模的年轻用户数量,成为接受小米生态链设计产品的坚实市场基础。众多生态链公司创始人团队中都有资深设计师,强大的创新基因与共同的价值观,令这些企业在资本支撑下把打造极致品质的好设计贯彻到底,形成对生活场景全覆盖的拓展态势。

7.2.3 小结

国内越来越多的企业,逐步开始关注培育中国新奢侈品本土品牌,以国内传统家电制造企业海尔(Haier)为例。近几年来,海尔一方面借助官网、微信数字媒体传播工具,建立开放式用户参与的创新平台,实现在线体验、互动设计全流程创新链,并与企业研发、营销、供应链系统整合在一个平台,包括从众多的个性化需求中找到共性需求;另一方面通过搭建生态创新系统 HOPE(Haier Open Partnership Ecosystem)平台,海尔与外部各地的研发机构,包括个人社区意见热衷者等进行互动,形成用户需求与创新资源的高效对接,通过反复的筛选,把多种设计方案纳入进来,集成创新形成个性化定制产品,如海尔天樽空调产品研发就参考了来自北上广接近 70 万用户对空调外观、控制方式、使用模式和环保节能等多个方面的数据反馈。借助设计平台,实现从创意研发到制造、销售全生命周期各阶段的目标,以此来实现全流程的交互式 C2M 制造[141]。

7.3 设计和数字媒体传播融合驱动中国新奢侈品本土品牌培育——SHEIN(希音)案例和沙涓(Sandriver)案例

7.3.1 设计和数字媒体传播融合驱动——时尚电商巨头 SHEIN 的成功之道

近期 99%的中国人不知道的一家时尚电商巨头——SHEIN,一夜之间家喻户晓。从中国到美国、从媒体到研究机构,《华尔街日报》(*The Wall Street Journal*)、CB Insights、Crunchbase、《财富》(*FORTUNE*)、IT 桔子(ITjuzi)、艾媒咨询(iiMedia Research)公布的 2019 年十亿美元以上独角兽公司榜单,都遗漏了这家公司。2016 年 SHEIN 的销售额约 40 亿元人民币,到了 2017 年已破百亿人民币。在 WPP 与凯度发布的《2019 年 BrandZ 中国出海品牌 50 强报告》(2019

BrandZ Top 50 Chinese Global Brand Builders ranking and report)中位列 14。如今,SHEIN 的业务已经遍及全球,拥有中国南京、中国深圳、中国广州、中国杭州 4 个研发机构,以及中国香港和比利时、美国东北部、美国西部、印度德里等 6 个全球物流中心,SHEIN 拥有几乎覆盖全球的末梢配送网络。

一方面依托设计,SHEIN 的衣服样式更丰富,色彩和图案也更多变。2019 年,SHEIN 全年上新 15 万款,平均每月上新 1 万余款,仅一两个月就赶上了 ZARA 全年的上新量。比如 2020 年 7 月,SHEIN 仅女装门类平均每天就上新 2000 款(包括部分饰品和旧款)。同样对生产的 3000 件衣服进行市场反应测试,ZARA 只能测试 1~6 个款式,而 SHEIN 则可以测试 30 个款式,这意味着 SHEIN 压中爆款的概率更高。"性感"直接是 SHEIN 的一个衣着设计风格门类,它的设计感和模特形象也贴近 Instagram 和微博上的网红,而不似 ZARA 的传统时尚感。

同时,SHEIN 追踪系统能把各类大小服装零售网站的产品如同"爬虫"一样抓拍下来,从而对当前流行的颜色、价格和图案等变化进行分析和预测。SHEIN 一件衣服从设计到下单再到上架需要三个月,大大缩短了从设计到交付的时间,以延长产品的保鲜期,比如 SHEIN 在 2018 年初准确预测了当年夏季美国流行蕾丝、印度流行全棉材质。

另一方面和所有线上快时尚品牌一样,SHEIN 的早期流量大多来自社交媒体投放的广告。SHEIN 早在 2011 年就开始利用全球各大社交平台投放广告、做网站促销等,包括在网站商店里的照片也被用于在 Facebook(脸书)、Instagram、Twitter(推特)、Pinterest(品趣思)等社交平台推广。截至 2020 年 7 月,SHEIN 的 Facebook 主页点赞数达 1561 万,其 Instagram 吸引了 1165 万的粉丝。受新冠疫情的影响,SHEIN 的网络热度迅速提升。根据 Google Trend 的热度变化和网页搜索趋势图来看,SHEIN 的热度从 2020 年 3 月至今迅速提升,超过了 H&M,并不断缩小和 ZARA 的热度差距。

当然,SHEIN 的成功,除了设计和数字媒体融合创新驱动之外,其快速的营销能力、供应链能力等,都是其成功密码。SHEIN 尽管没有门店,完全依赖线上销售,但 SHEIN 每个环节基本都比 ZARA 还要快。一份 2018 年 SHEIN 的商业计划书显示,SHEIN 爆款率在 50%、滞销率在 10% 左右。压中爆款后,通过后续订单单件成本就能大幅降低。SHEIN 的订单有超过 80% 会再下新单,进一步摊低成本。当然,SHEIN 在中国有最完备的服装生产供应链,包括面料、辅料等丰富选择,而 SHEIN 的全球销售能力也反过来支持供应链上数百间工厂的持续经营。

7.3.2　中国新奢侈品本土品牌培育的期待——SHEIN 的理念

或许,SHEIN 从快时尚到超级快时尚,严格上说不一定是中国新奢侈品本土品牌。当然,也完全可以说是放大的中国新奢侈品本土品牌培育路径,毕竟存在两点核心内涵,与中国新奢侈品本土品牌培育理念一脉相承。

其一,SHEIN 与其他电商卖家们疯狂求销量不同,SHEIN 秉承的是"每个人都可以享受时尚之美"理念。SHEIN 内在对时尚的追逐,也在一步步靠近"中国新奢侈品"理念,无论是快时尚(Fast Fashion)还是超级快时尚(Ultrafast Fashion),SHEIN 当下面对的是如何赢得 Z 时代消费者(出生于 1995—2005 年间的年轻人群)的青睐。假以时日,未来继续品牌培育和拓展,SHEIN 一步步靠近"中国新奢侈品"也是有可能的。

其二,坚持追求打造品牌独立站(是指品牌商建设的具有销售功能的官方网站)。和传统中国企业一样,SHEIN 原来更多是一个偏流量的、更高效的铺货型公司,在收购 ROMWE 之后,SHEIN 吸收了其品牌理念,并作为线上快时尚品牌的代表多年连续上榜"中国全球化品牌 50 强榜单"。同时,《2020 年 BrandZ 中国全球化品牌 50 强》除了以华为、阿里巴巴(ALIBABA)为代表的国民品牌悉数上榜,SHEIN 作为"黑马",以 4% 的成长率位列第 13 名。甚至相较 2019 年,SHEIN 本年度超过了专攻智能设备的大疆创新(DJI),排名仅次于 OPPO(欧珀)等。

7.3.3　设计与数字媒体传播融合驱动中国新奢侈品本土品牌培育——以上海高品质羊绒沙涓为例

沙涓借助设计与数字媒体持续十年传播和输出品牌价值,获得可持续发展的商业模式,包括从生产流程、相关方利益、拒绝过度消费、文化自信与输出,以及企业良性内生长各个方面传递可传承的精品精神,在数字化时代下进行品牌文化呈现。基于设计视角,沙涓于海派文化中汲取养分,向无数热爱品牌的消费者讲述了来自内蒙古的羊绒文化,不断迎来全新蜕变。

一方面,沙涓基于设计驱动创新路径,通过设计将品牌独有的工艺和中国传统手工技艺连接,包括东方与西方、传统与现代、艺术与生活、自然与人文等融合,把品牌对品质的追求以及成熟优雅的设计理念传达给消费者的同时,也将当下流行的时尚趋势发挥到极致。同时,沙涓邀请日本设计大师小筱顺子(JUNKO KOSHINO)作为沙涓的首席设计师,多次带着沙涓的作品在法国、德国、日本等时尚盛会上亮相,传递高品质羊绒生活美学,将东方传统文化元素,以现代绘画作品形式加以体现,进而成为通行世界的时尚语言,融合设计师们充满国际视野的创意与设计将高端羊绒的艺术性发挥到极致。

另一方面,在数字赋能背景下,沙涓不断拓展数字化市场、跨界合作及推广。通过国际官网把产品销售到世界各地,选择性地去做互联网,没有做淘宝(TaoBao)、天猫、京东。许多奢侈品品牌采取直接与客户沟通的渠道方式,是因为考虑到客户是企业最核心的"资产",如果通过第三方渠道来运营,就会在很大程度上割断这种直接沟通的纽带。

如今沙涓集团有30余家海外合作店,在亚洲直营线下店有11家、5个电商网站(多种语言)和2个海外展销厅,借助数字赋能,一步步传播具有中国特色的高端艺术羊绒品牌。

7.4 案例对比

7.4.1 以珍珠为例的中国新奢侈品本土品牌培育

1. 珍珠的发展情况

进一步以珍珠产品为例,一方面珍珠产品是中国制造和产业集群的典型代表,另一方面珍珠产品又属于高档商品而非生活必需品,有西方传统奢侈品的属性,包括需求来源为发达国家和地区,以欧美市场为主。根据联合国商品贸易统计数据库(UN Comtrade Database)资料显示,美国、日本、中国香港是珍珠的最大进口国/进口地区。澳大利亚是珍珠的主要产地之一,同时也是重要的进口国之一;日本则是在全世界范围内进口珍珠再加工销售到全世界各地。中国香港在珍珠产业发展的近二十年中,凭借其卓越的珍珠加工技术,每年出口珍珠的美元价值数年蝉联世界第一。根据联合国商品贸易统计数据库资料显示,世界珍珠其他主要出口国/出口地区的出口均价如表7-1所示。近几年来中国珍珠出口均价基本在200美元/千克左右。

表7-1 2015—2018年世界主要珍珠出口国/出口地区均价比较(美元/千克)

国家/地区	中国香港	日本	波利尼西亚	瑞士	美国	澳大利亚
出口均价	约20000	约8000	约12000	约35000	约19000	约19000

珍珠产品也是中国制造的缩影,中国所产珍珠在国际市场上价格不高,也是以低端和劳动密集产品为主。出口价格低,说明珍珠质量不高或珍珠加工技术不高。我们的珍珠产品在国际市场上能占领较大份额,往往是通过低价格的优势,长期下去,就逐步形成中国珍珠制造的廉价印象,导致整个珍珠产业陷入低端困境,造成转型升级和高质量发展的障碍。

2. 中国本土珍珠品牌如何走向世界

与大多数中国传统产业一样,我国是世界上最大的珍珠生产国,年产量占世界珍珠总产量的95%,淡水珍珠产量约占世界总产量的99%。以浙江诸暨为例,诸暨是国内最大的珍珠产业,年产量占全国总产量的70%~80%,产业链上珍珠深加工企业超过300家。"世界珍珠看中国,中国珍珠在诸暨",诸暨第一代珍珠市场诞生于1982年,经过近40年的发展,诸暨淡水珍珠养殖面积已达38万亩,年产量占世界淡水珍珠总产量的70%以上。可以说是中国制造"高产低值"的典型代表,必须继续转型升级与高质量发展。尽管2017年诸暨淡水珍珠产量能占据到全世界的70%,但贸易总额仅为120亿元,只占全球珍珠产值的10%左右,产值比例与产量比例之间的反差如此之大,可以看出珍珠产品转型的困境。

诸暨珍珠与国外奢侈品的差距,主要是表现在核心三点:①缺乏设计思维,在诸暨珍珠贸易市场上就表现为大量精品珍珠没有很好的设计加工,就以初级产品形式流向海外市场,也就只能赚取微薄的产品利润;②没有品牌意识,热衷赚取眼前的利润,没有真正从奢侈品视角去考虑未来的突破;③没有很好地利用数字媒体去传播和打造诸暨的品牌形象。

同时,以世界顶级珠宝品牌蒂芙尼(Tiffany & Co.)为对比,在过去的160多年来,蒂芙尼公司一直将富有惊世之美的设计作品视为宗旨,已有30多个欧美国家的皇室成员成为蒂芙尼公司的顾客,多国国家元首和明星也都是它的主顾。近半世纪以来,为适应世界消费潮流的变化和振兴蒂芙尼的使命,自1960年代早期蒂芙尼开始逐渐转型。蒂芙尼坚信好的设计等于好的生意,先后邀请著名设计师加盟,如模特出身的设计师艾尔莎·佩雷蒂(Elsa Peretti)和毕加索女儿帕洛玛·皮索(Paloma Picsso)等。艾尔莎·佩雷蒂最大的贡献是将蒂芙尼推向了大众,她的创意之处在于拓宽了珍珠所采用的材质与制作技艺进而赋予珠宝现代感,用最简约的笔触诠释大自然的美丽,适合中国新奢侈品的设计风格,如图7-7所示。纵观蒂芙尼的历史,在每一次大的时代变迁后,人们的思想发生变化,敏锐的设计师们都能捕捉到这种趋势,进而影响到品牌风格的变化。

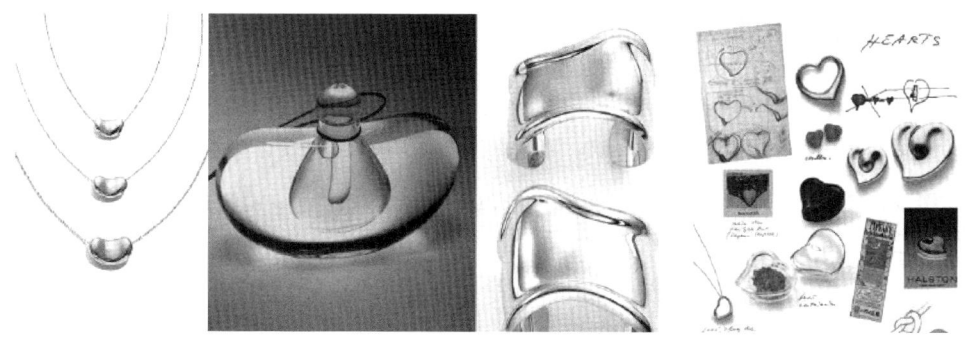

图7-7 蒂芙尼设计师艾尔莎·佩雷蒂设计的简约风格作品

3. 基于设计与数字媒体融合创新驱动本土珍珠培育"中国新奢侈品"本土品牌

中国是世界珍珠大国却非强国,中国珍珠行业产值低的主要原因之一就是产品同质化严重,因此价格低廉,和传统中国制造一样,走的还是物廉价美路线,与"奢侈品"概念相距甚远。这种思维模式下,我国80%以上的淡水珍珠以原料或粗加工产品的形式供应给中国香港或国外客户，大批高档珍珠没有经过深加工就流向海外，产品高附加值环节的缺失，造成当下珍珠行业发展的困境。尤其是珍珠市场消费信心缺失、购买欲望低下，与世界上的一些珍珠生产国相比，我国珍珠产业无论从养殖技术、加工技术还是首饰设计等价值链各环节，都存在较大的差距，应当继续取得突破。

一方面，珠宝设计的本质是满足用户的情感需求，与普通产品不一样，消费者不仅仅需要其使用功能，更多的是情感与心理的需要，可以说是契合中国新奢侈品本土品牌培育的理念。另一方面，长期以来传统的珍珠产品推广都以时尚发布会推出新产品为主，借助时尚媒体与权威部门，提高企业在时尚界的影响力。当下，数字媒体传播的变化，给珍珠塑造本土品牌提供了很多机会。如互联网和社交媒体的蓬勃发展，分享经济和体验式经济正逐渐成为潮流和趋势，传统的营销传播模式已经开始转型，企业之间的竞争从局部产品竞争发展到整体性企业形象竞争。因此，中国培育新奢侈品本土品牌必须重视品牌的传播，品牌传播策略必须与企业打造中国新奢侈品本土品牌整体目标和定位战略相结合，使企业的传播策略达到与传播内容的一致性，确保产品设计风格、设计信息与企业的定位和主题保持一致。

总之，我国珍珠行业要发展，要摆脱廉价产品的形象，第一步要改变产品和品牌的定位，完全可以从培育中国新奢侈品本土品牌视角出发，拿出专注、极致的工匠之心，从追求品位、塑造品牌开始。相信未来诸暨珍珠、中国珍珠一定会有更好的发展。

7.4.2 太火鸟(TAIHUONIAO)：设计和数字媒体融合驱动中国新奢侈品本土品牌培育平台

1. 太火鸟打造孵化＋投资＋开放平台

太火鸟于 2014 年创立，是设计引领的一条龙服务式智能硬件孵化平台，是中国设计驱动创新产品策源地，是基于人工智能的产品创新引擎和智能分发平台。2017 年初完成千万美元级 Pre-B 轮融资的太火鸟是一个带有互联网基因的数字媒体传播与创新平台，其商业模式就是利用互联网平台的创新众筹模式。太火鸟

第7章 案例研究：数字赋能背景下设计和数字媒体传播融合驱动中国新奢侈品本土品牌培育

更关注改变生活方式的产品，而国内很多智能硬件都是工程师导向，是从技术上考虑，而不是从消费者需求方向考虑产品。

联合创始人依托智能硬件孵化平台太火鸟致力于帮助设计师和创意者实现商业价值，是中国顶尖的创新产品孵化器兼原创产品社会化电商平台。它的主要作用兼顾设计和数字媒体传播，让设计师递交创新设计产品，在电商平台进行孵化和创业，通过关注设计创新的产品，帮助其做好前期投资、前期产品品牌定义，并一直到小批量投放市场。

太火鸟致力于解决原创设计品牌中缺乏成熟的营销体系和孵化平台这一痛点，可以很好地成为中国新奢侈品本土品牌培育创新模式，孵化＋投资＋开放平台是太火鸟核心的商业模式核心手段。可以说，中国新奢侈品本土品牌培育过程中，需要很多类似太火鸟这样的平台来助力。

2. 数字赋能背景下中国新奢侈品本土品牌培育新趋势——太火鸟视角

太火鸟从用户思维，进入到产品生态圈思维。其核心就是设计协同和数字媒体传播。数字赋能背景下，得到互联网和云平台等助力，大量具有创业想法的设计师与品牌企业一起，整合从设计开发，到设计成果的发布和定价，及市场传播和交易等价值环节。

进一步以可穿戴设备为例，就是后续中国本土新奢侈品有所作为的地方。我国目前可穿戴设备相关企业共3.12万家（截至2019年数据），广东省以超1.8万家排名第一，占比全国57.92%，浙江、江苏分列二、三位。其中，2019年新注册6145家，同比增长37.7%。2020年上半年，可穿戴设备新增企业超过6900家，60%以上集中在广东，其中30%企业注册资本高于500万元人民币。可以试想，未来太火鸟就完全可以成为可穿戴设备培育中国新奢侈品本土品牌的"云平台"，助力中国新奢侈品本土品牌的发展。

数字赋能背景下，从智能硬件创新趋势就可以看出，产品即服务、服务即产品。这意味中国传统制造企业也应该从中国新奢侈品本土品牌发展趋势中找到灵感，从单一产品创新转向整体服务系统设计和创新，整合设计和数字媒体传播等环节，共同推进中国新奢侈品本土品牌，助力传统制造的转型升级。太火鸟正是在这样的背景下进入市场，太火鸟基于消费者和设计师的大数据，利用创意众筹让用户参与产品开发销售的整个过程,包括提交创意、审核、评估、开发、预售、生产、销售等,形成众包设计开放平台,并以此打造一套完美的创意生态系统助推设计和数字媒体传播融合创新培育中国新奢侈品本土品牌建设。

7.4.3 小结

当前互联网背景下,随着设计的兴起,本土企业无论是工业产品还是消费品,都应该重视设计和"互联网＋"新媒体传播带来的价值重构,如图 7-8 所示,从设计和传播中找到突破口。像诸暨珍珠这样占据国际国内市场一定份额,未来如何发展,直接关系到本土企业"存量"的转型升级是否成功,应该引导和鼓励冒出一批与在华跨国企业战略定位一样的"中国新奢侈品本土企业"出来,未来才会有希望,我们转型升级才能逐步实现高端突破。中国还是发展中国家,如何找到突破口、培育中国新奢侈品本土品牌、走出中国"品牌突破"的迷思是我们一直以来都在探讨的。不可否认,我们曾经有很多上海"老品牌"的辉煌历史,也有现在的"中华酷联魅米(中兴、华为、酷派、联想、魅族、小米)"手机品牌的成功。未来中国新奢侈品本土品牌培育是一个艰难的过程,要么在变革中迷失,要么在重围中突破。

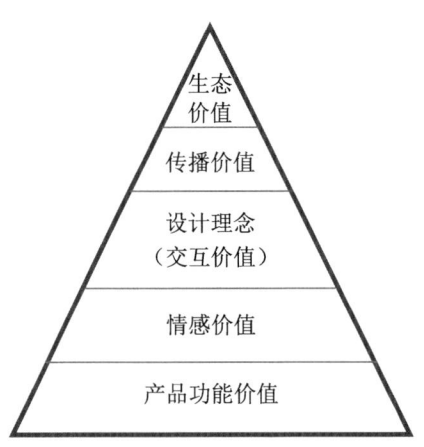

图 7-8 "互联网＋"重构品牌价值五阶路线图

设计驱动创新本质上就是一种创新要素重新整合的过程,其整合的对象来自技术、市场和用户需求三方面,重点是用户体验的集成,因为用户记住的是一个愉快的体验,而不是产品的系统构成或每个子系统的设计厂家。

第7章 案例研究:数字赋能背景下设计和数字媒体传播融合驱动中国新奢侈品本土品牌培育

数字赋能时代下,大数据、互联网、物联网等科技不断发展的背景下,设计和数字媒体融合创新,对市场、用户、产品、企业价值链乃至整个中国新奢侈品本土品牌及其商业生态进行重新思考,构建品牌培育创新系统核心内涵。当前,中国新奢侈品本土品牌培育不再是产品孤立的存在,是通过数字赋能组成的一个创新系统,包括网络、数据和用户间互动等。尤其是随着创客规模的崛起,越来越多的新创企业加入到了设计创新领域,其中智能硬件的创新最为突出。

当下,从奢侈品到中国新奢侈品也是世界潮流,我们已经具备了良好的培育中国新奢侈品本土品牌的消费市场,并且人们的消费行为已慢慢地由感性消费转变为理性消费,不再是盲目追求外国品牌,无论是市场需求还是人们的内在心理需求都希望中国能有自己的新奢侈品本土品牌。

本书认为,我们与高端珠宝首饰品牌相比,主要体现在产品品质(产品功能设计)和产品品牌(产品语义设计)及其情感价值的差距上。未来,应加强产品功能设计,对中国的某种传统工艺进行深入研究开发,如花丝镶嵌工艺、点翠工艺等,在某种中国传统优秀手工艺方面寻求突破口。同时,从小米到SHEIN、太火鸟,我们身边的一切产品都可以视为"中国新奢侈品"本土品牌培育的对象,从而极大拓宽我们的视野。中国本土企业进行新奢侈品(或高端品牌突破)本土品牌培育时,也要抓住当下互联网兴起带来的机遇,运用互联网思维和新媒体传播方式,与设计创新一起双轮驱动本土珍珠企业高端品牌突破。总之,中国新奢侈品不仅是具有顶级品质的产品,也是一种现代消费文化,它代表着一种独特的生活方式。

· 第 8 章 ·

回顾与展望

8.1 研究回顾
8.2 主要结论
8.3 机遇、挑战与研究不足
8.4 未来展望

当前，主张以国内大循环为主体，国内国际双循环的体系，对于我们打造制造业强国是一个特别好的机会，因为要摆脱产业链卡脖子问题，就要倒逼我们加大自主创新，静下心来踏踏实实地做基础研发和培养工匠精神。制定有利于中国新奢侈品本土品牌培育和制造业强国发展的法律和加大营商环境建设，让市场机制调动最广泛的资源和积极性，包括改善国内外环境，对外继续保持开放融入的态度，让中国制造业继续融入国际分工体系。

8.1 研究回顾

本书在理论、实践和方法论上都有不同程度的创新，主要贡献和创新如下。

1. 理论方面

本书进行全方位理论回顾，通过对奢侈品品牌到中国新奢侈品定义，创新性地提出了中国新奢侈品概念，并对中国新奢侈品本土品牌定义及其内涵、趋势和特征进行了梳理。同时，从宏观层面分析了中国新奢侈品本土品牌培育的必要性和可行性；从微观层面对定价、品牌定位和本土国际化各方面进行了逐一陈述，且进一步对中国新奢侈品本土品牌培育会不会遭遇在华跨国企业打击进行了博弈分析。

同时，通过 SPSS 统计工具进一步分析了 215 份问卷，发现产品功能设计、产品语义设计和产品交互设计，以及产品感知和品牌感知，对顾客购买意向的影响。进一步回归分析找到产品功能设计与消费者产品感知具有显著的正向影响，产品语义设计与消费者品牌感知具有显著的正向影响，产品交互设计同时对产品感知和品牌感知具有显著的正向影响，从而找到设计驱动中国培育新奢侈品本土品牌创新的内在机理和理论支撑。

在此基础上，针对数字媒体传播，利用 SPSS 统计工具对前期调研的 247 份问卷进行回归实证分析。从实证结论可以看出，数字媒体传播在中国培育本土新奢侈品的产品感知、品牌感知、传统广告行为与购买意向中发挥中介调节变量作用，即数字媒体传播能增强中国新奢侈品本土品牌的产品感知、品牌感知和传统广告行为对购买意向的影响,从而找到数字媒体传播驱动中国新奢侈品本土品牌培育的内在机理和理论支撑。最后,结合多案例进行了对比分析。

本书先后回答了 what、why、how 的三个问题:什么是中国本土新奢侈品?其概念和定义以及中国培育新奢侈品本土品牌的发展趋势和特征;为何要培育中国新奢侈品本土品牌?其必要性和可行性等;如何培育新奢侈品本土品牌?其路径和方法等。同时,进一步针对设计驱动和数字媒体传播驱动分别进行了实证研究和案例对比研究,为中国培育新奢侈品本土品牌提供理论支撑和经验借鉴。

2. 实践方面

通过典型案例的选取,以改革开放 40 多年本土代表性的低端品牌的转型和寻求突破,以及近 10 年来互联网背景下不断出现的本土"中国新奢侈品"品牌为例。从不同行业、不同发展阶段、不同产业性质等视角,进行案例展示和深度剖析,从而贴近中国本土企业品牌实际,得出中国培育新奢侈品本土品牌的必要性和可行性,从而更有可视性和说服力,以及对实践管理有深刻指导和管理启示。

8.2 主要结论

在数字赋能背景下,设计与数字媒体传播融合创新,能很好助力中国新奢侈品本土品牌培育,推进传统制造高质量发展。

(1) 设计与数字媒体传播融合创新,不仅仅是简单的中国新奢侈品本土品牌培育,也是助推高质量发展和我国先进制造为主的现代产业体系。当前,我国传统制造业还是以低端为主,高质量发展还没有大面积展开。直接从低端制造跃迁到德国、美国的标准显然是有非常大跨度的。我们要跳出现有的制造业模式,从中国新奢侈品本土品牌视角切入,通过"曲线救国"来思考中国制造企业向先进制造转型及价值提升。打破发达国家跨国公司产业链、价值链的"系统整合者"格局,期望未来能获得更多产业链、价值链主导升级的"话语权"。

(2) 设计、数字媒体传播以及中国新奢侈品本土品牌培育,三者只有协同作用、相互配合,才能构建良好的创新生态体系,为先进制造和高质量发展输出价值,而不能把三者分开。当前,设计、数字媒体传播与现有制造业融合还是远远不够,也直接束缚中国新奢侈品本土品牌拓展。我国作为一个制造业大国,相对自身庞大的实体产业体量,无论是设计还是数字媒体传播,在制造和实体经济的推广应用中非常有限,存在与制造和传统产业应用脱节的现象。为此,通过人工智能和设计驱动创新融合来推动制造业做实做强,促进现代化经济体系建设,实现我国人工智能与实体经济深度融合势在必行。人工智能与设计驱动融合能很好地推进产业创新生态,引导培育科技成果创新产业化,把产业创新与智能制造业转型发展密切联系起来。

(3) 今天的设计在数字赋能技术发展的基础上,以深厚的人文视野和设计思维,呈现融合的多维性、多学科性、多层次性和跨文化性等。尤其是设计和数字媒体技术融合深入到传统行业,必将带来巨大变革。我们现在面临设计和数字媒体技术深入到传统行业方方面面的巨大变革,现在是关键时期,也是决胜时期。我们要充分发挥设计和数字媒体融合在制造业强国中的作用,推动互联网、大数据、人工智能等数字技术赋能背景下设计、数字媒体传播和传统制造的深度融合,培育中国新奢侈品本土品牌的同时,助力高质量发展。设计和数字媒体传播融合创新,成就了特斯拉、苹果和华为等集中体现人类智慧和文化价值的产品,让当代人类智慧得以淋漓尽致地展现,以全新的方式进入当下的人类生活方式之中。

(4) 中国新奢侈品本土品牌培育,实施扬长补短策略,以系统性的改革和文化重塑等作为保障。在国内国际双循环思路下,通过国内市场开放,吸收全球奢侈品品牌、技术和人才等要素来中国进行创新创业,发展我国以新奢侈品为导向的创新。现阶段,我国产业参与国际竞争的比较优势,正从生产要素价格低廉逐步转向超高质量发展,后者甚至可能是我国长时期选择的路径。这对我国传统制造转型和形成以创新为导向的全球创新链有巨大的推动作用。

其一,发展国内循环为主,国内国际互促的双循环经济,设计与数字媒体传播培育中国新奢侈品本土品牌,必须发挥骨干企业中流砥柱的作用。在培育中国新奢侈品本土品牌的过程中,我们应向德国学习,大力提倡发展强而不大的企业,而不仅仅是鼓励企业攀比规模。

其二,内循环的主要贡献者是中小微企业,特别是创新型中小微企业,培育中国新奢侈品本土品牌,可以很好发挥中小企业"扬长避短"的比较优势,突破"产业链低端"瓶颈限制。

总之,我国目前产业体系门类齐全,发展规模也很大。为此,我们不仅应该选择"缺芯"的产业链,专注地把技术一层一层往上做,逐步掌握这些不易被竞争者替代的重要价值环节;也需要关注,数字赋能背景下,设计与数字媒体传播的中国新奢侈品本土品牌培育,双管齐下。

8.3 机遇、挑战与研究不足

1. 机遇

2020年受新冠疫情的影响,如巴黎高定时装周和米兰时装周等全球时尚界盛会都纷纷转移线上,全球奢侈品品牌也都纷纷各自转移,呈现许多精彩的数字发布会。这一方面是新冠疫情之下迫不得已的一个结果,另一方面也可以看出这是一个大的趋势,也就是说数字化发展的今天,数字媒体传播的新手段层出不穷,为我们呈现出不同的可能性。实际上,对中国新奢侈品本土品牌培育的现代化和高科技化而言,上了一个非常大的台阶。

当下,每一个中国新奢侈品本土企业都要抓住这个机遇,把自己的品牌理念通过数字化的手段呈现出来,再通过现代化的技术和手段与全球的业界人士、媒体和公众进行发声连接。在这种情况下不仅扩大了我们新奢侈品本土品牌的影响力,而且让受众的参与感更强。5G和人工智能等数字渗透技术都可以通过数字化或各种各样先进的科技带来类似VR的身临其境感觉。

2. 挑战

本书提出的中国新奢侈品本土品牌培育,不是简单的一切都可以培育成新奢侈品,或是说中国新奢侈品本土品牌的培育依托设计和数字媒体传播双轮驱动。必须进一步具备场景的识别能力和复杂问题的解析能力,进一步展开。

其一,场景识别能力。同样的场景,不同人能洞察出不同的看法。中国新奢侈品本土品牌培育也是如此,必须有强大的场景识别能力,才是未来企业管理能否成功的关键。过去,我们面对的是传统商业模式,思维是线性的;现在是数字赋能时代,思维是平台、是生态。为此,在中国新奢侈品本土品牌培育过程中,我们必须通过场景分析找到关键问题,然后通过解决问题获得最核心的能力。

其二,复杂问题解析能力。中国新奢侈品本土品牌培育是一项复杂工程,场景识别以后,能够找到最核心的关键问题,把繁杂的问题解析出来并能够解决掉它。如认知能力,要知道由于"场景"转换,认知能力也需要改变,我们传统制造的成功好比是步兵打仗,现在我们新奢侈品本土品牌培育的战场场景改变为骑兵作战,但依然是步兵思维打法,所以肯定不会成功。如感知能力,除了场景和认知之外,还需要有一种感知能力,对生活中一切美的事物的感知能力。感知是环境对中国新奢侈品本土品牌的感觉度,包括能够体察到消费者做出反应的程度。

中国新奢侈品本土品牌培育过程中,一定要具备场景识别能力、认知能力和感知能力。时代的本质是场景,企业的竞争是认知,稀缺的能力是感知。

3. 研究不足

中国培育新奢侈品本土品牌是一项新的研究,肯定存在局限性的一面,如主观因素和客观因素等,在一定程度对研究结果有一定影响。当方向是对的,只要持续推进下去,一定会有好的结果。同时,考虑到本书也是探索性研究,存在诸多研究不足之处,需要未来进一步展开研究,大致如下。

其一,当下处在数字赋能的转型变革时期,奢侈品仍是一个新兴的研究领域,无论是奢侈品,还是数字媒体传播,或者设计驱动创新等相关的应用领域都还在进一步发展。同时,中国新奢侈品本土品牌培育更是一个新的研究空白点,无论是外部环境,还是内部消费者行为,都需要进一步观察,尤其是现有制造业转型升级与中国新奢侈品本土品牌培育的内在契合等。此外,消费者对于奢侈品的态度可说是错综复杂,同时对于中国本土新奢侈品的概念也会因为文化、生活习惯、人口统计特征与社会环境的差别而持不同的态度。这些都是本书考虑不足的地方,未来需要进一步对我国新奢侈品的态度以及消费行为进行深入研究,为中国培育新奢侈品本土品牌和发展之路找到新的不同视角。

其二,从需求端看,消费者逐步接受本土新奢侈品观念,不是短期内可以改变的；从供给端看，中国本土企业在培育奢侈品本土品牌的时候，是否有"华丽转身"的勇气，来实现转型升级和高端突破？这些未来都需要持续展开探索。

其三，无论是设计驱动创新，还是新媒体背景下创意传播，对于中国培育本土新奢侈品用户的"黏性"（指用户对于品牌或产品的忠诚、信任与良性体验等结合起来形成的依赖程度和再消费期望程度），即用户研究没有深入展开，未来需要进一步探讨如何增强有效的传播获得用户的"黏性"，从而树立中国培育新奢侈品本土品牌的忠诚度。

本书不足的地方还有很多：没有更加系统阐述世界奢侈品对中国培育本土奢侈品品牌的借鉴和启示，没有进一步深入本土成功案例的挖掘。中国培育本土新奢侈品品牌的研究领域博大精深，需要做的课题很多，无论是品牌策略，还是运营策略、价值链分析或社交媒体口碑传播等，都需要深化研究。包括从大工业时代进入数字技术赋能新时代背景下，中国本土新奢侈品也可以为客人进行个性化定制，以及采取C2M等柔性制造方式，赋予中国新奢侈品本土品牌培育强大的力量。

当然，近10年来本土企业取得一定成功，各种Made In China高品质产品遍布全球。同时，在此基础上持续升级，展开的精品战略也是比较成功的，也不乏成功的品牌，如海尔、联想（LENOVO）等。但为何一直不能冒出"本土奢侈品品牌"呢？奢侈品是人类文明发展的结果，奢侈品是历史和文化的结晶。培育的过程要耐得住寂寞，要能有一种品牌领袖和追求卓越的人文情怀。不仅仅是我们消费者需要培育，需要除掉"急于事功"等浮躁，我们的企业又何尝不是如此？同时，中国新奢侈品本土品牌培育，真正的长远目标是突破中国市场，在全世界找到喜欢中国制造、认同高品质的客户。必须推开曾经的中国制造低端刻板印象的一堵墙，通过中国新奢侈品本土品牌培育，用极致的产品以及运用数字赋能和数字媒体传播等来塑造征服世界。

8.4 未来展望

如何培育中国新奢侈品本土品牌？本书给出以下几个建议。

（1）数字赋能时代下，基于设计与数字媒体融合创新进行中国新奢侈品本土品牌培育，并以此推动我国传统制造产业竞争力，是未来制造业转型升级和高质量发展的路径之一。当前，我们正在推进供给侧结构性改革，很重要的一个切入口就是提高设计和数字媒体融合创新引领"牛鼻子"。积极适应当前大数据、物联网和人工智能等数字赋能背景下设计服务业、数字媒体传播和传统制造业融合带来的升级变化，通过中国新奢侈品本土品牌培育，加快跨界设计和数字媒体传播融合与协同创新使得我国传统制造业转型升级落地并为中国新奢侈品本土品牌培育找到新模式和新突破路径。

（2）"十九大"提出供给侧结构性改革和高质量发展，深入理解更是一种新的发展模式，是在新的生活方式变革和消费升级背景下，一种新的生产方式变革[142]。基于此，通过设计与数字媒体传播融合创新进行中国新奢侈品本土品牌培育的背后，就是转变我们发展模式和发展思路。一方面，数字赋能背景下，在设计与数字媒体传播融合与中国新奢侈品本土品牌培育过程中，可以考虑让用户更多地参与企业的创新和研发活动，从而扩展企业的学习边界，提供顾客参与共创价值的机会；另一方面，大数据和物联网时代来临，意味着人人都是数据的提供者和使用者，面对这种新形势，无论是设计还是品牌传播都需做出相应的策略调整，要充分利用顾客行为和数据来挖掘顾客的想象力与创造力，并积极改进中国新奢侈品本土品牌企业所提供的产品或服务。

（3）数字赋能背景下设计与数字媒体传播融合并推动传统制造转型与中国新奢侈品本土品牌培育是个系统工程。从目前看，无论是推进设计驱动还是数字媒体传播甚至两者融合，都面临着突出问题，就是跨界服务型人才匮乏，包括用户数据资源开放不足。同时，对中国新奢侈品本土品牌的理解还不够深入，也导致设计思维和数字媒体传播，很多时候停留在时髦或表面概念上，或在简单的商业模式层面。为此，我们要清醒认识到无论是设计驱动还是设计与数字媒体传播融合创新来培育中国新奢侈品本土品牌，都不能在短期内就看见成果，需要长期和细微的工作，包括日常点滴的积累。正如设计思维强调的都是工匠精神，我们更多需要从"土壤"氛围上改变目前中国制造"虚荣"热闹的局面，让我们先从"衣、食、住、行"等契合"中国新奢侈品本土品牌"气质的行业和产品中深入下去。

（4）中国培育新奢侈品本土品牌需要跳出现有的框架，需要观念创新。中国新奢侈品本土品牌培育实质就是转型升级和高端突破，一切有中国特色的产品都可以培育成为中国本土新奢侈品。要有文化自信、品牌自信，不卑不亢。

（5）中国培育的新奢侈品本土品牌内涵就是创新，就是颠覆性创新，如果还是循规蹈矩，几乎没有机会。当然，要真正做好中国本土奢侈品品牌，企业管理者也必须抛弃那种急于事功的浮躁，真正追逐品牌的经典和制造之美，包括长期投入和专注的精神。当然，这也是目前中国很难出现本土奢侈品品牌的关键原因。

（6）无论是品牌定位，还是设计驱动创新或新媒体创意传播，都需要注重品质。中国新奢侈品本土品牌的培育过程，本身就是非凡品质的代名词，包括一种理想和信仰，蕴藏于产品的设计、制造和品牌传播中，中国新奢侈品品质的背后是时间和耐心，或许也是"工匠"之心，现代工匠之心。

（7）迎面挑战，躬身入局。当下，数字产业化、产业数字化、产业互联网其实是一个非常宏大的课题。中国独特的经济发展路径和产业链条的不均衡决定了想要依靠集成化、规模化去做整合和提升效率首先不能"置身事外"，行业基因和基于此的深度理解是做产业互联网平台的第一要素。同时，数字变革带来的是中国新奢侈品本土品牌发展机遇，躬身入局才是应对中国新奢侈品本土品牌的最佳姿态。必须有一批中国新奢侈品企业参与进来，并冒出来，靠着这些企业对本土奢侈品品牌的理解，做出一套示范样板出来，让中国本土新奢侈品行业同行看到新的经营机会和方向。这种躬身入局的谦卑姿态，让团队真正有机会得以触碰和解决很多行业内部的痛点，也深知企业的核心诉求，无疑为中国新奢侈品本土品牌培育奠定良好的起势基础。

当下，中国新奢侈品本土品牌培育还是起步阶段，甚至对它的定义都很模糊，因为它需要认知达到一定程度才能做成。但是做成之后，它的机会是无限巨大的，不仅在于改变整个供需结构，对于改变整个交易链条都是具有划时代意义的。总之，中国新奢侈品本土品牌培育不在一朝一夕和一树一木，不是简单的某一行业冒出一两个新奢侈品本土品牌，而是整个中国本土各行业新奢侈品品牌群的兴起。这才是奢侈品产业的兴起，才是中国由大国到强国、由制造到品牌的民族振兴目标，也是中国品牌屹立世界品牌之林的期待和展望。当然，罗马不是一天建成的，中国培育新奢侈品本土品牌也不是一天可以形成的。

参 考 文 献

[1] [英]亚当·斯密.国富论[M].杨敬年,译.西安:陕西人民出版社,2005.

[2] [德]维尔纳·桑巴特.奢侈与资本主义[M].王燕平,侯小河,译.上海:上海人民出版社,2000.

[3] Lancaster K. J. A new approach to consumer theory [J]. Journal of Political Economy,1966,74(2):132-157.

[4] Kapferer J.N. Managing luxury brands [J]. Journal of Brand Management,1997,4(4):251-260.

[5] Vickers J.S., Renand F. The marketing of luxury goods: An exploratory study—three conceptual dimensions[J]. The Marketing Review,2003,3:459-478.

[6] [法]米歇尔·舍瓦利耶,[法]热拉尔德·马扎罗夫.奢侈品品牌管理[M].卢晓,编译.上海:格致出版社,2008.

[7] 冯林燕,王新新,何云春.国内外奢侈品品牌研究的最新进展及启示[J].外国经济与管理,2015,37(01):21-31.

[8] 卢晓.品牌赋能:国际精品品牌战略[M].北京:中信出版社,2018.

[9] 徐梦珂. 在华意大利奢侈品品牌管理策略研究[D].沈阳:沈阳师范大学,2019:3-4.

[10] 魏漪.浅析奢侈品的品牌管理与营销[J].时代金融,2017(35):287-288.

[11] 徐钦.奢侈品品牌的社交媒体评价对客户价值影响——以产品价值、关系价值和品牌价值为视角[J].商业经济研究,2018(05):71-74.

[12] 白世贞,尹越,吕爽.奢侈品品牌发展创新路径[J].商业经济研究,2018(01):59-61.

[13] 张景云,王勇,刘畅.西方传统奢侈品品牌国际化经营的障碍与对策——对中国奢侈品品牌培育与传播的建议[J].对外经贸实务,2016(08):19-22.

[14] 李飞,贺曦鸣,胡赛全,等.奢侈品品牌的形成和成长机理——基于欧洲150年以上历史顶级奢侈品品牌的多案例研究[J].南开管理评论,2015,18(06):60-70.

[15] 张春英.新时代中小型外贸企业管理策略研究——以某品牌笔业有限公司为例[J].企业研究,2020(03):54-56.

[16] 嘉怿.聚焦国货精品感受品牌魅力 2019年"中国品牌日"活动巡礼[J].上海质量,2019(05):13-16.

[17] 张瑞林,李凌,王恒利.冰雪体育赛事品牌管理与品牌进化绩效的探析[J].体育学研究,2018,1(02):45-56.

[18] 雷翔程.成都茶百道品牌门店管理改进之探究——以质量管理理论为视角[J].现代商业,2020(18):16-18.

[19] 陈欣欣.海南省生态旅游品牌管理研究——以保亭县为例[J].现代商业,2020(13):3-5.

[20] 戚德祥,许琴.图书国际品牌打造过程中的创新管理——以国际汉语教材品牌《汉语乐园》为例[J].出版发行研究,2020(05):83-89.

[21] 于富喜.新常态下我国农产品品牌战略管理研究[J].改革与战略,2017,33(06):64-66.

[22] 王家宝,胡小品,敦帅.老国货的新活法——回力(WARRIOR)的转型创新之路[J].企业管理,2016(10):67-69.

[23] 翟晓瑞.移动互联背景下的华为(HUAWEI)手机品牌策略营销分析[J].传播力研究,2019,3(07):209.

[24] 李桂华,李晨曦,李楠.中国大陆品牌管理研究现状及发展趋势——基于国内主要期刊论文的内容分析[J].品牌研究,2016(03):4-21.

[25] 刘英为,聂春艳,张璟.全球化背景下中国品牌原型化战略研究[J].管理世界,2016(04):182-183.

[26] 贾平,樊传果.品牌价值链活动与品牌管理策略研究[J].商业经济研究,2016(18):60-62.

[27] 方兴东,严峰,钟祥铭.大众传播的终结与数字传播的崛起——从大教堂到大集市的传播范式转变历程考察[J].现代传播,2020,42(07):132-146.

[28] 康睿.基于数字媒体视阈下新闻传播路径分析[J].中国传媒科技,2020(05):56-58.

[29] 孔少楠,王健,孔明.行为经济学视角下突发性公共卫生危机中公众健康决策分析[J].中国卫生经济,2020,39(05):43-45.

[30] 王嘉忆.数字媒体艺术在中国方案传播中的应用思考[J].北方经贸,2020(07):12-13.

[31] 翟灿.数字媒体时代广告图形传播特点与策略研究[J].传媒,2019(22):72-74.

[32] 孙新波,苏钟海,钱雨,等.数据赋能研究现状及未来展望[J].研究与发展管理,2020,32(02):155-166.

[33] 陈海贝,卓翔芝.数字赋能研究综述[J].图书馆论坛,2019,39(06):53-60+132.

[34] 苏黄菲菲,黄跃.让"数字"为"两业"融合赋能[J].人民论坛,2020(18):70-71.

[35] 马文君,蔡跃洲.新一代信息技术能否成为动力变革的重要支撑?——基于新兴产业分类与企业数据挖掘的实证分析[J].改革,2020(02):40.

[36] 罗煦钦,吴丽娟,顾晓波,等.数字经济赋能临安山核桃特色产业发展[J].安徽农学通报,2020,26(Z1):73-75+89.

[37] 王岩,朱祎兰,赵鹏,等."智能+"赋能制造业转型升级的路径及挑战[J].信息通信技术与政策,2019(06):64-66.

[38] 徐梦周,吕铁.赋能数字经济发展的数字政府建设:内在逻辑与创新路径[J].学习与探索,2020(03):78-85+175.

[39] 龚艺巍,谢诗文,施肖洁.云技术赋能的政府数字化转型阶段模型研究——基于浙江省政务改革的分析[J].现代情报,2020,40(06):114-121+128.

[40] 吕普生.数字乡村与信息赋能[J].中国高校社会科学,2020(02):69-79+158-159.

[41] 陈慧,王晓晓,南梦洁,等.数字档案资源整合与服务过程中的隐性知识分类——以赋能思维为视角[J].图书与情报,2019(06):118-124.

[42] 曾静怡,牛力.数字赋能视角下的档案价值创新研究[J].山西档案,2018(03):5-8.

[43] 万昆,任友群.技术赋能:教育信息化2.0时代基础教育信息化转型发展方向[J].电化教育研究,2020,41(06):98-104.

[44] 汪延明.我国数字贸易面临的挑战及对策[J].中国流通经济,2020,34(01):3-8.

[45] 李林秋.数字赋能出口型跨境电商的价值共创研究[J].商业经济研究,2019(24):68-71.

[46] 李玫昌,贺小刚.数字化跨境电商赋能新零售供应链价值"智慧"升级探究[J].商业经济研究,2020(09):150-153.

[47] 刘凯,于天.商业银行数字化转型中的数据治理策略研究[J].现代管理科学,2019(10):105-107.

[48] 练靖雯,王筱纶,赵宇翔.数字人文学者的技术就绪度调研及数字赋能策略[J].图书馆论坛,2019,39(11):1-13.

[49] 解学芳,张佳琪.技术赋能:新文创产业数字化与智能化变革[J].出版广角,2019(12):9-13.

[50] 黄震.区块链在监管科技领域的实践与探索改进[J].人民论坛·学术前沿,2018(12):24-32.

[51] 费晓蕾.数字技术赋能"地摊经济"正当时[J].华东科技,2020(07):48-49.

[52] 范建军.以数字赋能推动市场监管治理能力现代化[N].中国市场监管报,2020-06-30(003).

[53] 罗仲伟,李先军,宋翔,李亚光.从"赋权"到"赋能"的企业组织结构演进——基于韩都衣舍案例的研究[J].中国工业经济,2017(09):174-192.

[54] 胡春辉.物流企业的数字赋能影响因素研究[D].合肥:安徽大学,2020:56-57.

[55] 周文辉,王鹏程,杨苗.数字赋能促进大规模定制技术创新[J].科学学研究,2018,36(08):1516-1523.

[56] 罗仲伟,陆可晶.转危为机:运用数字技术加速中小企业群体性转型升级[J].价格理论与实践,2020(06):10-16+36.

[57] 焦勇.数字经济赋能制造业转型:从价值重塑到价值创造[J].经济学家,2020(06):87-94.

[58] 孟凡生,徐野,赵刚.高端装备制造企业向智能制造转型过程研究——基于数字赋能视角[J].科学决策,2019(11):1-24.

[59] 胡海波,卢海涛.企业商业生态系统演化中价值共创研究——数字赋能视角[J].经济管理,2018,40(08):55-71.

[60] 周文辉,邓伟,陈凌子.基于滴滴出行的平台企业数据赋能促进价值共创过程研究[J].管理学报,2018,15(08):1110-1119.

[61] Verganti R. Design as brokering of languages: Innovation strategies in Italian firms[J]. Design Management Journal,2003,13(3):34-42.

[62] Christensen J.F. Asset profiles for technological innovation[J].Research Policy,1995,24(5):727-745.

[63] Rindova V.P., Petkova A.P. When is a new thing a good thing? Technological change, product form design, and perceptions of value for product innovations[J]. Organization Science,2007,18(2):217-232.

[64] [德]沃夫冈·拉茨勒.奢侈带来富足[M].刘风,译.北京:中信出版社,2003.

[65] Leibenstein H. Bandwagon, snob, and veblen effects in the theory of consumers' demand[J]. Journal of Economics,1950,64(2):183-207.

[66] Dubois, B., Laurent, G. Attitudes toward the concept of luxury: An exploratory analysis[J]. Asia-Pacific Advances in Consumer Research,1994,1: 273-278.

[67] 杨国枢.中国人的心理与行为:本土化研究[M].北京:中国人民大学出版社,2004.

[68] Benjamin M. Oviatt, Patricia Phillips McDougall. Toward a theory of international new ventures[J]. Journal of International Business Studies,1994,25(1):76-79.

[69] Knight G., Cavusgil S. T. The born global firm: A challenge to traditional internalization theory[J]. Advances in International Marketing,1996,8(1):11-26.

[70] 陈圻,陈国栋,郑兵云,吴讯.中国设计产业与工业的互动关系研究——基于独立设计机构专利数据的相关前沿理论验证[J].管理科学,2013,26(03):77-85.

[71] Christian Homburg, Martin Schwemmle, and Christina Kuehnl. New product design: Concept, measurement, and consequences[J]. Journal of Marketing,2015,79(3):41-56.

[72] Ruth Mugge, Darren W. Dahl. Seeking the ideal level of design newness: Consumer response to radical and incremental product design[J]. Journal of Product Innovation Management,2013,30:34-47.

[73] Creusen Meh. Research opportunities related to consumer response to product design[J]. Journal of Product Innovation Management,2011,28(3):405-408.

[74] Candi Ashley, Courtney Schaal, and Larry Collins. Comparison of underwater and land-based treadmill running[J]. Medicine and Science in Sports and Exercise,2010,42(5) Suppl1:699-700.

[75] Michael Luchs,K. Scott Swan. Perspective: The emergence of product design as a field of marketing inquiry[J]. Journal of Product Innovation Management,2011,28(3):327-345.

[76] Eisenman Russell,Rappaport Joan. Complexity preference and semantic differential ratings of complexity-simplicity and symmetry-asymmetry[J]. Psychonomic Science,2013,7(4):147-148.

[77] Scott K. Radford,Peter H. Bloch. Linking innovation to design: Consumer responses to visual product newness[J]. Journal of Product Innovation Management,2011,28(s1):208-220.

[78] Janneke Blijlevens, Claus-Christian Carbon, Ruth Mugge, and Jan P. L. Schoormans. Aesthetic appraisal of product designs: Independent effects of typicality and arousal[J]. British Journal of Psychology,2012,103(1):44-57.

[79] Rosemary R. Seva, Martin G. Helander. The influence of cellular phone attributes on users' affective experiences: A cultural comparison[J]. International Journal of Industrial Ergonomics,2008,39(2):341-346.

[80] 李东进,李研,武瑞娟.产品设计领域的消费者审美体验[J].心理科学进展,2013,21(02):336-346.

[81] Peter H. Bloch. Seeking the ideal form: Product design and consumer response[J]. Journal of Marketing,1995,59(3):16-29.

[82] David W. Fagerberg. Liturgical asceticism: Enlarging our grammar of liturgy[J]. A Journal of Catholic and Evangelical Theology,2004,13(2):202-214.

[83] Robin Roy,Johann C.k.h. Riedel. Design and innovation in successful product competition[J]. Technovation,1997,17(10):537-548.

[84] 梁磊,赖红波.新媒体传播对本土新奢侈品品牌培育与顾客购买意向影响研究[J].科研管理,2016,37(6):84-91.

[85] [日]原研哉.理想家:2025[J].城市住宅,2016,23(09):93.

[86] Baudrillard J. Consumer society [A].// M.Poster. Selected Writings [C]. Cambridge: PolityPress, 1988:50.

[87] 陈俊.新奢侈品的细分市场及消费者行为研究[J]. 上海管理科学,2009(5):66-71.

[88] 韩英.传统奢侈品与新奢侈品特征及消费群比较[J]. 青年记者,2010(18):35-36.

[89] Kapferer J.N. Managing luxury brands[J]. Journal of Brand Management,1997,4(4):251-260.

[90] 李飞,刘茜. 市场定位战略的综合模型研究[J].南开管理评论,2004(5):39-43.

[91] Holbrook M.B. Customer value: A framework for analysis and research [J]. Advances in Consumer Research, 1996,23(1):138-142.

[92] 周琦深,张鹏飞,邱英.基于购买决策过程的我国奢侈品营销策略研究[J].中国证券期货,2013(07):125-127.

[93] Aker D. Managing brand equity: Capitalizing the value of a brand name[M]. New York: Free Press,1991.

[94] 何佳讯.中外企业的品牌资产差异及管理建议:基于CBRQ量表的实证研究[J].中国工业经济,2006(8):109-116.

[95] 郭姵君. 奢侈品品牌资产研究[D].上海:复旦大学,2008:76-79.

[96] 张峰.基于顾客的品牌资产构成研究述评与模型重构[J].管理学报,2011,8(4):552-576.

[97] Richard G. Netemeyer, Balaji Krishnan, Chris Pullig, Guangping Wang, Mehmet Yagci, Dwane Dean,Joe Ricks,and Ferdinand Wirth. Developing and validating measures of facets of customer-based brandequity[J]. Journal of Business Research,2004,57(2):110-111.

[98] 郑文清,肖平.基于顾客的品牌资产创建模型研究[J].商业研究,2011(6):14-18.

[99] 张俊峰.品牌资产消费者模式与产品市场模式的结构关系研究[D].重庆:重庆工商大学,2008:48-50.

[100] 张有绪.基于消费者的品牌资产模型构建与实证研究[J].改革与战略,2011,27(10):56-59.

[101] 许悦.解析中国为代表的东方新奢侈品市场的发展原因及效用[J].金融经济,2009(1):22-23.

[102] David A.Aaker, Kevin Lane Keller.Consumer evaluations of brand extension[J]. Journal of Marketing,1990,54(1):27-41.

[103] 叶伟巍,王翠霞,王皓白.设计驱动型创新机理的实证研究[J].科学学研究,2013,31(8):1260-1267.

[104] 余湘珍.基于设计的创新过程机制研究——组织学习视角[D].杭州:浙江大学,2011:79-80.

[105] 刘晓刚,朱泽慧,刘唯佳.奢侈品学[M].上海:东华大学出版社,2009.

[106] Deci E. L., Betley G.K. When trying to win: Competition and intrinsic motivation [J]. Personality and Socail Psychology Bulletin, 1981,7(1): 79-83.

[107] Rajeev B., Olli T.A. Measuring the hedonic and utilitarian sources of consumer attitude [J]. Marketing Letters, 1990,2 (2): 159-170.

[108] Eric R. S., Kevin E.V., and Ayn E. C. Measuring the hedonic and utilitarian dimensions of attitudes: A generally applicable scale [J]. Advances in Consumer Research, 1997 (24): 235-241.

[109] Mark J.A., Kristy E.R. Hedomic shopping motivations [J]. Journal of Retailing,2003,79 (2): 77-95.

[110] Voss K.E., Spangenberg E. R., and Bianca G. Measuring the hedonic and utilitarian dimensions of consumer attitude [J]. Journal of Marketing Research, 2003, 40(3): 310-320.

[111] Silverstein M.J., Neil S.F. Luxury for the mass [J]. Harvard Business Review, 2003, 81 (4): 48-57.

[112] 江兵,江海然.基于语义学和符号学的奢侈品概念研究[J].科技创新导报,2013(25):214-216.

[113] Robin Roy,Johann C.k.h. Riedel. Design and innovation in successful product competition[J]. Technovation,1997,17(10):901-902.

[114] Ricardo Chiva,Joaquín Alegre. Linking design management skills and design function organization:An empirical study of Spanish and Italian ceramic tileproducers[J]. Technovation,2007,27(10):1112-1113.

[115] 刘志梅.对广东奢侈品消费的现实思考[J].消费经济,2009,25(06):61-63+35.

[116] [瑞士]费尔迪南·德·索绪尔.普通语言学教程[M].高名凯,译.岑麒祥,叶蜚声,校注.北京,商务印书馆,2009.

[117] [法]罗兰·巴尔特.符号学原理[M].李幼蒸,译.北京:生活·读书·新知三联书店,1988.

[118] Chang W.,Hsu YEN. Strategic grougs,performance,and issues related to product ddesign strategy[J]. International Journal of Innovation Management,2005,9（2）:133-154.

[119] Bruce M.,Daly L.,Kahn K.B. Delineating design factors that influence the global product launch process[J]. Journal of Product Innovation Management,2007,24（5）:456-470.

[120] [美]Alan Cooper.交互设计之路——让高科技产品回归人性[M].2版.Chris Ding,等译. De Dream,审校. 北京:电子工业出版社,2006.

[121] ISO/IEC 13407. Human-centred design processes for interactive systems[S]. Londen:British Standards Institution,1999.

[122] Ben S. Designing the user interface:Strategies for effective human-computer interaction[M]. 2nd ed.Boston, MA:Addison-Wesley Longman Publishing Co., Inc.,1992.

[123] Craig M.Vogel, Jonathan Cagan, Peter Boatwright.创新设计:如何打造赢得用户的产品、服务与商业模式[M].吴卓浩,郑佳朋,INWAY Design,译.北京:电子工业出版社,2014.

[124] Schreier, Martin,Fuchs, Christoph,Dahl, and Darren W. The innovation effect of user design:Exploring consumers' innovation perceptions of firms selling products designed by users[J]. Journal of Marketing, 2012,9(76):18-32.

[125] Dodds W. B., Monroe K. B, and Grewal D. The effects of price, brand and store information on buyers' product evaluation [J]. Journal of Marketing Research, 1991(28):307-319.

[126] Zeithaml, Valarie A., Berry Leonard L., and A. Parasuraman. The behavioral consequences of service quality[J]. Journal of Retailing, 1996,60(4): 34.

[127] Baron R. M., Kenny D. A. The moderator-mediator variable distinction in social psychological research: Conceptual, strategic, and statistical considerations[J]. Journal of Personality and Social Psychology,1986,51(6):96-97.

[128] Granovetter M. Economic action and social structure: The problem of the embeddedness [J]. American Journal of Sociology, 1985,91(3):481-510.

[129] B. Uzzi. Social structure and competition in inter-firm networks: The paradox of embeddedness[J]. Administrative Science Quarterly, 1997, 42(1):35-67.

[130] 聂佳佳,熊中楷.广告影响需求下的新产品竞争性动态定价策略[J].华东经济管理,2009(07):143-149.

[131] 孙维峰,黄祖辉.广告支出、研发支出与企业绩效[J].科研管理,2013,34(2):44-51.

[132] 施卓敏,范丽洁,叶锦锋.中国人的脸面观及其对消费者解读奢侈品广告的影响研究[J].南开管理评论,2012,15(1):151-160.

[133] Hoffman D. L., Novak T. Marketing in hypermedia computer mediated environment: Conceptual foundations[J]. Journal of Marketing,1996,60(3):50-68.

[134] Sautter P., Hyman M., and Lukoius V. E-tail atmospherics:A critique of the literature and modelextension[J]. Journal of Electronic Commerce Research,2004,5(1): 14-24.

[135] Huang M. H. Modeling virtual exploratory andshopping dynamics an environmental psychology approach[J]. Information & Management,2003,41:39-47.

[136] 吴义爽.平台企业主导的生产性服务业集聚发展研究[J].科研管理,2014,35(07):20-26.

[137] 赵武,王珂,秦鸿鑫.开放式服务创新动态演进及协同机制研究[J].科学学研究,2016,34(08):1232-1243.

[138] 刘志彪.为实现现代化打下坚实产业基础[N].人民日报,2016-08-25(007).

[139] Han Woo Park,Loet Leydesdorff. Longitudinal trends in networks of university-industry-government relations in South Korea: The role of programmatic incentives[J]. Research Policy,2010,39(5):640-649.

[140] 熊勇清,李世才.战略性新兴产业与传统产业耦合发展研究[J].财经问题研究,2010(10):38-44.

[141] 杜娟,王建伟,王峰,等.互联网与工业融合创新的主要路径及模式初探[J].产业经济评论,2014(05):20-26.

[142] 芮明杰.新工业革命推动全球制造业变革[N].中国社会科学报,2013-11-01(A06).

附录 A　图目录

图 1-1　中国数字经济蓬勃发展（中国信息通信研究院） ············ 004
图 1-2　本书技术路线与研究框架 ································ 009
图 3-1　2015—2019 年中国奢侈品市场规模（由公开资料整理） ······ 034
图 3-2　2019 年全球个人奢侈品消费分布（由公开资料整理） ········ 035
图 3-3　按照年龄占比的中国财富结构分布（由公开资料整理） ······ 036
图 3-4　2018 年中国奢侈品消费者性别比例（由公开资料整理） ······ 036
图 3-5　2018 年中国奢侈品消费者年龄比例（由公开资料整理） ······ 037
图 3-6　2018 年中国奢侈品消费者地区分布情况（由公开资料整理） ·· 037
图 3-7　2018 年中国奢侈品消费者关注比例（由公开资料整理） ······ 038
图 3-8　2018 年中国奢侈品购买渠道分布情况（由公开资料整理） ···· 038
图 3-9　2011—2018 年中国奢侈品消费地区占比分布（由公开资料整理） ··· 049
图 3-10　2011—2018 年中国内地奢侈品消费额统计（由公开资料整理） ····· 050
图 4-1　奢侈品消费发展阶段 ···································· 055
图 4-2　奢侈品消费动机 ·· 057
图 4-3　各年龄奢侈品年均消费占比分布（由公开资料整理） ········ 060
图 4-4　马斯洛需求层次理论图 ·································· 062
图 4-5　中国培育新奢侈品本土品牌定价区间示意图 ················ 064
图 4-6　中国培育新奢侈品本土品牌维度示意图 ···················· 067
图 4-7　中国培育新奢侈品本土品牌战略业务单元区域示意图 ········ 068
图 4-8　中国培育新奢侈品本土品牌与天生国际化 ·················· 070
图 5-1　2013 年奢侈品行业搜索词特征 ···························· 081

图 5-2　产品感知和品牌感知与购买意向影响关系 …………………… 084
图 5-3　设计驱动产品感知和品牌感知 …………………………………… 090
图 5-4　设计驱动中国培育新奢侈品本土品牌创新绩效模型（待检验）…… 091
图 5-5　设计驱动中国培育新奢侈品本土品牌创新绩效模型 ………… 101
图 5-6　全球经济和科技发展新趋势 …………………………………… 104
图 5-7　"十八大"和"十九大"对制造业强国的阐述 ………………… 105
图 6-1　互联网促进消费者对奢侈品品牌的了解 ……………………… 117
图 6-2　数字媒体传播对中国新奢侈品本土品牌培育行为与购买意向
　　　　调节变量模型 …………………………………………………… 118
图 6-3　数字媒体传播对中国新奢侈品本土品牌培育行为与购买意向
　　　　之间的关系 ……………………………………………………… 124
图 7-1　设计与数字媒体传播融合与中国新奢侈品本土品牌培育 …… 135
图 7-2　设计与数字媒体传播融合驱动智能制造创新 ………………… 136
图 7-3　人工智能和设计融合驱动智能制造创新平台 ………………… 137
图 7-4　迭代创新 …………………………………………………………… 138
图 7-5　人工智能与设计驱动融合创新全过程 ………………………… 139
图 7-6　设计和数字媒体传播融合创新演化图 ………………………… 141
图 7-7　蒂芙尼设计师艾尔莎·佩雷蒂设计的简约风格作品 ………… 147
图 7-8　"互联网＋"重构品牌价值五阶路线图 ………………………… 150

附录 B 表目录

表 3-1	奢侈品行业产品分类	029
表 3-2	20 世纪 90 年代进入中国的奢侈品品牌时间	033
表 3-3	中国本土新奢侈品与普通产品、精品、西方传统奢侈品的区别	042
表 4-1	历史产业革命与人类需求	054
表 5-1	设计驱动创新研究假设汇总	090
表 5-2	问卷样本基本情况的描述性统计	092
表 5-3	量表的测量指标、信度和收敛效度检验	093
表 5-4	因子解释总方差	095
表 5-5	旋转后的量表成分矩阵	095
表 5-6	变量的描述性统计	097
表 5-7	变量间相关系数	097
表 5-8	品牌感知作为因变量的回归系数	098
表 5-9	产品感知作为因变量的回归系数	098
表 5-10	购买意向作为因变量（针对 3 个自变量）的回归系数	099
表 5-11	购买意向作为因变量（针对 5 个自变量）的回归系数	100
表 5-12	研究假设和检验支持	100
表 5-13	不同国家/地区对奢侈品的态度和偏好比较	102
表 5-14	四次工业革命背景下奢侈品与工业设计特征比较	106
表 6-1	量表的测量指标、信度和收敛效度检验	119
表 6-2	变量的描述性	122

表 6-3　回归分析结果 ·· 123

表 7-1　2015—2018 年世界主要珍珠出口国/出口地区均价比较(美元/千克)

　　　　·· 146

附录 C 调查问卷 1

尊敬的女士/先生:

您好!我们所在的互联网+研究中心正在从事一项关于中国本土奢侈品培育的研究,想了解您在平时购物的一些经历和感受。请根据您的真实感受,回答本问卷中的问题,选定最符合相关论述的对应选项,并将其字体变红,或打钩即可。本问卷仅用于学术研究并将被严格保密,不做任何商业用途,请您放心填写。本问卷大约需要耽误您 10 分钟的宝贵时间,衷心感谢您的合作!

名词解释"中国本土培育的新奢侈品":所谓中国本土培育的新奢侈品是指只要具备相应元素,一切皆可为奢侈品,包括日常消费品和工业品。中国本土培育的新奢侈品,弱化了奢侈品"昂贵得只有极少数人能够拥有的特征,指出中国新奢侈品既有高品质又能满足消费者的情感诉求,体现出了中国新奢侈品的平民化特征"。既包括我们一直以来见到的化妆品、箱包,也包括家用电器、家居用品、日用产品,甚至工业品(如开关按钮)、服务体验等,囊括目前本土企业涉足的国内多个行业和产品(包括在华跨国企业一样能涉足的国内各个行业和产品)。

一、请根据您最近曾经购买中国本土培育的新奢侈品(包括在商场或者网络购买)的实际情况,回答以下问题:

(一)您曾经购买的中国本土培育的新奢侈品品牌名称是_____。

(二)请根据您曾经购买中国本土培育的新奢侈品的实际体验,在您对该题说法认可程度的代码上打"√",如您完全同意"√"7,完全不同意"√"1,依此类推。

题号	题项表述	完全不同意	基本不同意	有点不同意	不能确定	有点同意	基本同意	完全同意
请根据您所购买中国本土培育的新奢侈品产品功能细节感受做出判断								
1	产品和技术很适用,让我满意	1	2	3	4	5	6	7
2	产品结构和溢价合理,让我能接受	1	2	3	4	5	6	7
3	产品的材质和功能让我满意	1	2	3	4	5	6	7
4	产品工艺精致、品质卓越	1	2	3	4	5	6	7
5	产品是精致的,让我很喜欢	1	2	3	4	5	6	7
6	产品的材料来源是可靠的	1	2	3	4	5	6	7
请根据您所购买中国本土培育的新奢侈品产品语义印象感受做出判断								
7	产品设计让我觉得有故事	1	2	3	4	5	6	7
8	产品设计有助我的社会形象提升	1	2	3	4	5	6	7
9	产品设计符合我的审美和习俗	1	2	3	4	5	6	7
10	产品设计让我觉得有品位和有个性	1	2	3	4	5	6	7
11	产品设计让我有好的印象和感受	1	2	3	4	5	6	7
12	产品设计让我觉得时尚和有内涵	1	2	3	4	5	6	7
请根据您所购买中国本土培育的新奢侈品产品设计沟通(体验等)做出判断								
13	产品使用让我舒适方便并能感到愉快	1	2	3	4	5	6	7
14	产品设计更理解我的需求和考虑我的感受	1	2	3	4	5	6	7
15	产品互动和体验让我获得更好的产品认知	1	2	3	4	5	6	7
16	产品互动和体验让我获得更好的品牌认知	1	2	3	4	5	6	7
17	产品互动和体验让我兴奋和愉悦	1	2	3	4	5	6	7
18	产品设计能给产品和品牌带来灵魂	1	2	3	4	5	6	7
请根据您所购买中国本土培育的新奢侈品品牌实际感受做出判断								
19	产品品牌能打动我,让我有好的感觉	1	2	3	4	5	6	7

(续表)

题号	题项表述	完全不同意	基本不同意	有点不同意	不能确定	有点同意	基本同意	完全同意
20	产品品牌让我有惊喜	1	2	3	4	5	6	7
21	我对该品牌很认可和感觉很好	1	2	3	4	5	6	7
22	我喜欢和接受该产品品牌,愿意购买其产品	1	2	3	4	5	6	7
23	我愿意为该产品支付品牌溢价	1	2	3	4	5	6	7
24	我愿意推荐该品牌产品给我的亲戚朋友	1	2	3	4	5	6	7

请根据您所购买中国本土培育的新奢侈品产品实际感受做出判断

25	产品设计精致,有美感	1	2	3	4	5	6	7
26	产品有文化和故事	1	2	3	4	5	6	7
27	产品让我很愉悦并打动我	1	2	3	4	5	6	7
28	产品增强了我的自信心	1	2	3	4	5	6	7
39	产品能打动我,并让我觉得有价值	1	2	3	4	5	6	7
30	产品让我觉得有面子	1	2	3	4	5	6	7

请根据您对所购中国本土培育的新奢侈品做出未来购买意向的判断

31	未来我有购买的意愿	1	2	3	4	5	6	7
32	产品能满足我的需要,我很认可	1	2	3	4	5	6	7
33	我愿意再次光顾和购买	1	2	3	4	5	6	7
34	我对产品很满意并会持续关注	1	2	3	4	5	6	7
35	我会把我喜欢的中国本土培育的新奢侈品介绍给我的亲戚朋友	1	2	3	4	5	6	7

(续表)

题号	题项表述	完全不同意	基本不同意	有点不同意	不能确定	有点同意	基本同意	完全同意
36	与国外品牌的同类产品比较,我愿意支付高的价格来购买	1	2	3	4	5	6	7

二、请根据您的个人情况回答以下问题,在相应序号上打"√"

37	您的性别是： A. 男　　B. 女
38	您的年龄是： A. 29岁及以下　B. 30～39岁　C. 40～49岁　D. 50～59岁　E. 60岁及以上
39	您能接受中国本土奢侈品吗?　A. 能　B. 不能
40	您能接受在网上购买奢侈品吗? A. 能　B. 不能
41	您的工作年限:A. 3年及以下　B. 4～10年　C. 11～20年　D. 20年以上
42	您的个人月收入:A. 3000元以下(不含3000元)　B. 3000～5999元　C. 6000～9999元　D. 10000～19999元　E. 20000～49999元　F. 50000元及以上
43	您的年奢侈品消费金额： A. 5000元以下(不含5000元)　B. 5000～9999元　C. 10000～49999元　D. 50000～99999元　E. 100000元及以上

最后,再一次向您的积极配合与大力支持表示感谢! 祝您健康、顺利。

附录 D　调查问卷 2

尊敬的女士/先生：

您好！我们所在的互联网+研究中心正在从事一项关于中国本土奢侈品培育的研究，想了解您在平时购物的一些经历和感受。请根据您的真实感受，回答本问卷中的问题，选定最符合相关论述的对应选项，并将其字体变红，或打钩即可。本问卷仅用于学术研究并将被严格保密，不做任何商业用途，请您放心填写。本问卷大约需要耽误您 10 分钟的宝贵时间，衷心感谢您的合作！

名词解释"中国本土培育的新奢侈品"：所谓中国本土培育的新奢侈品是指只要具备相应元素，一切皆可为奢侈品，包括日常消费品和工业品。中国本土培育的新奢侈品，弱化了奢侈品"昂贵得只有极少数人能够拥有的特征，指出中国新奢侈品既有高品质又能满足消费者的情感诉求，体现出了中国新奢侈品的平民化特征"。既包括我们一直以来见到的化妆品、箱包，也包括家用电器、家居用品、日用产品，甚至工业品（如开关按钮）、服务体验等，囊括目前本土企业涉足的国内多个行业和产品（包括在华跨国企业一样能涉足的国内各个行业和产品）。

一、请根据您最近曾经购买中国本土培育的新奢侈品（包括在商场或者网络购买）的实际情况，回答以下问题：

（一）您曾经购买的中国本土培育的新奢侈品品牌名称是＿＿＿＿＿＿。

（二）请根据您曾经购买中国本土培育的新奢侈品的实际体验，在您对该题说法认可程度的代码上打"√"，如您完全同意"√"7，完全不同意"√"1，以此类推。

题号	题项表述	完全不同意	基本不同意	有点不同意	不能确定	有点同意	基本同意	完全同意
请根据您所购买中国本土培育的新奢侈品产品实际感受做出判断								
1	产品设计精致,有美感	1	2	3	4	5	6	7
2	产品有文化和故事	1	2	3	4	5	6	7
3	产品有内涵	1	2	3	4	5	6	7
4	产品让我很优雅,有个性,感觉有面子	1	2	3	4	5	6	7
5	产品能打动我,并让我感觉有价值	1	2	3	4	5	6	7
6	产品让我很愉悦	1	2	3	4	5	6	7
请根据您所购买中国本土培育的新奢侈品品牌实际感受做出判断								
7	该品牌能打动我,让我有好的感觉	1	2	3	4	5	6	7
8	我认为该品牌有好的美誉度	1	2	3	4	5	6	7
9	我对中国本土奢侈品品牌很认可,并让我感觉有面子	1	2	3	4	5	6	7
10	我喜欢和接受中国本土奢侈品品牌,愿意购买其产品	1	2	3	4	5	6	7
11	我愿意为中国本土奢侈品支付品牌溢价	1	2	3	4	5	6	7
12	我愿意推荐中国本土奢侈品品牌给我的亲戚朋友	1	2	3	4	5	6	7
请根据您所购买中国本土培育的新奢侈品传统广告行为总体感受做出判断								
13	传统电视等宣传广告让我对产品更了解和熟悉	1	2	3	4	5	6	7
14	户外广告能增加我的认知度和激发我购买的兴趣	1	2	3	4	5	6	7
15	旗舰店和商场陈列,让我对购买更有信心	1	2	3	4	5	6	7
16	各种 VI、CI 和精美手册等能扩大认知度	1	2	3	4	5	6	7
17	各种广告宣传和视频等能帮助我更好地认知和了解产品	1	2	3	4	5	6	7
18	各种明星代言和公共关系等宣传广告能打动我	1	2	3	4	5	6	7
请根据您所购买中国本土培育的新奢侈品数字媒体传播感受做出判断								
19	我比以前更关注和能接触到各种数字媒体传播方式	1	2	3	4	5	6	7
20	我能接受来自数字媒体的产品信息和网上交互相关产品的信息	1	2	3	4	5	6	7

(续表)

题号	题项表述	完全不同意	基本不同意	有点不同意	不能确定	有点同意	基本同意	完全同意
21	各种数字媒体传播方式有助我了解产品信息和故事	1	2	3	4	5	6	7
22	我更相信网络朋友圈对产品和品牌的点评	1	2	3	4	5	6	7
23	数字媒体交互和双向沟通能增加购买体验的愉悦	1	2	3	4	5	6	7
24	数字媒体传播带来的交互沟通能坚定我购买的信心	1	2	3	4	5	6	7

请根据您对所购中国本土培育的新奢侈品做出您未来购买意向的判断

题号	题项表述	完全不同意	基本不同意	有点不同意	不能确定	有点同意	基本同意	完全同意
25	相比国外品牌,我对中国本土奢侈品品牌的满意度也较高	1	2	3	4	5	6	7
26	中国本土奢侈品品牌也能很好地满足我的需要	1	2	3	4	5	6	7
27	我愿意光顾和购买中国本土奢侈品品牌	1	2	3	4	5	6	7
28	我会持续关注中国本土奢侈品品牌	1	2	3	4	5	6	7
29	我会把我喜欢的中国本土奢侈品品牌介绍给我的亲戚朋友	1	2	3	4	5	6	7
30	与国外品牌的同类产品比较,我愿意支付略高的价格来购买	1	2	3	4	5	6	7

二、请根据您的个人情况回答以下问题,在相应序号上打"√"

31	您的性别是: A. 男 B. 女
32	您的年龄是: A. 29 岁及以下 B. 30~39 岁 C. 40~49 岁 D. 50~59 岁 E. 60 岁及以上
33	您能接受中国本土奢侈品吗? A. 能 B. 不能
34	您能接受在网上购买奢侈品吗? A. 能 B. 不能
35	您的工作年限: A. 3 年及以下 B. 4~10 年 C. 11~20 年 D. 20 年以上
36	您的个人年薪:A. 60000 元及以下 B. 60001~150000 元 C. 150001~300000 元 D. 300000 元以上
37	您的年奢侈品消费金额: A. 5000 元以下(不含 5000 元) B. 5000~9999 元 C. 10000~49999 元 D. 50000~99999 元 E. 100000 元及以上

最后,再一次向您的积极配合与大力支持表示感谢!祝您健康、顺利。